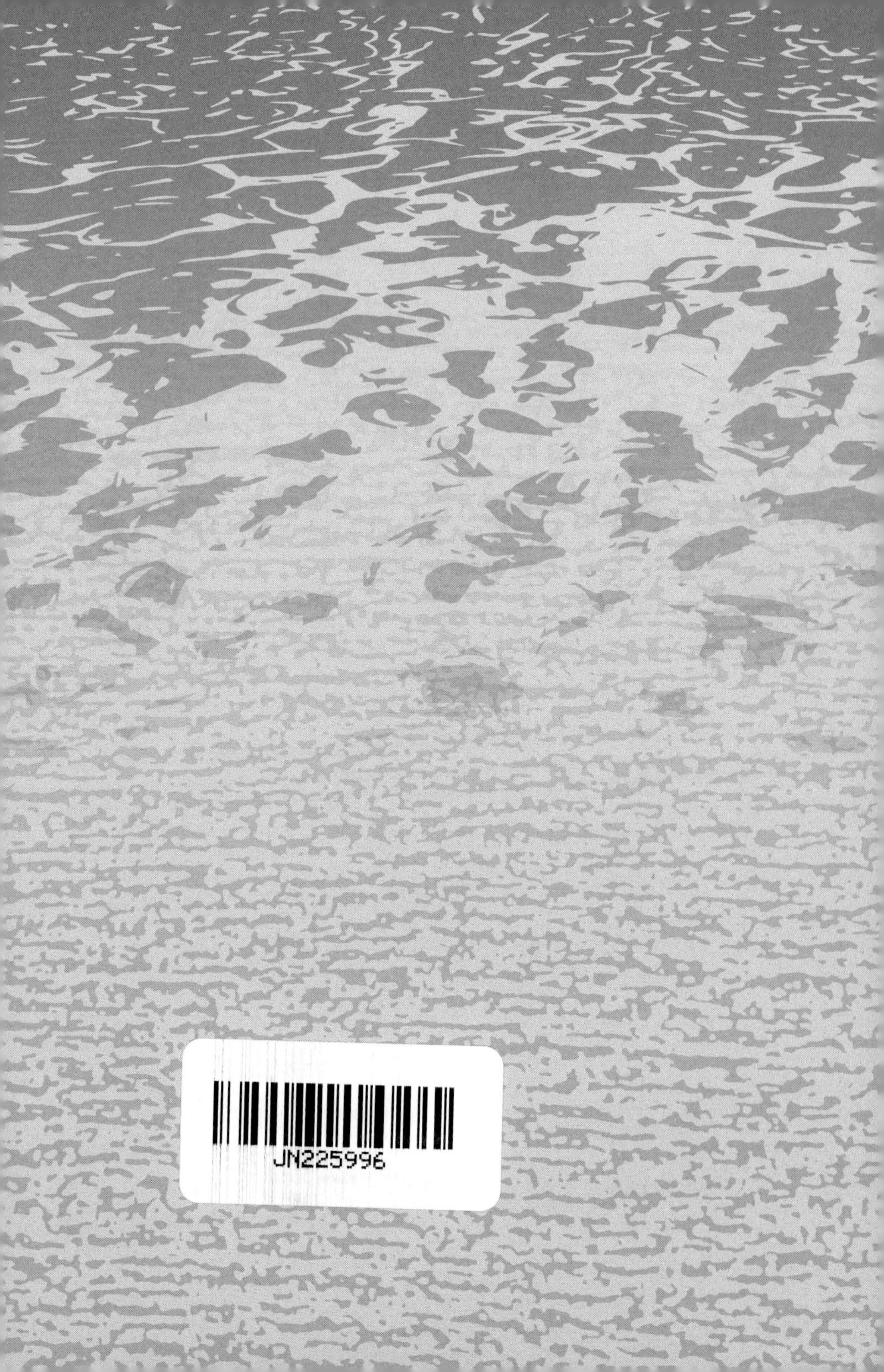

ネム船長の哲学航海記Ⅲ

罪びととワインを酌み交わしたイエス

――もう、聖書につまずかない

目次

第2章　宗教とは何か

第3章　ダメな人間たち

第4章　ユダヤ教の成立

第7章　「神の国」

第8章　キリスト教の成立

まえがき

『聖書』という本を読めない人が多い。聖書は文法的には中学生でも読めるぐらいやさしい文章で書かれている。だから、私が今「読めない人が多い」と言ったのは、書かれている文章が文法的に難解なせいで理解することができない人が多いという意味ではない。そうではなく、文章は理解できるがどうにもうさんくさくて読む気になれない、とか、「世界一のベストセラー」だそうなのでどれどれと思って読み始めたものの信じがたいことばかり書かれていて読むのをやめた、とか、右の頬をなぐられたら左の頬を差し出すのが隣人愛だと書かれているがそんな気味の悪い考え方にはついていけない、とか、要するに内容が内容だけに読めない、という人が多いという意味である。

こういう人は『聖書』だけでなく、一般に宗教というものに対してもおそらくそういう接し方をしているはずである。神を信じる宗教、来世を信じる宗教、修行をする宗教、豚肉とアルコールの摂取を禁じる宗教、そういった宗教に対して『聖書』を読めない人はきっとこう言うに違いない。「神なんかただの妄想でしょ」「来世なんてほんとうにあるの？」「修行なんか私にはできない」「みそかつを食べられないなんて私にはムリ！」。

多様性や多文化社会という考え方を好む人も、宗教のことになるとなぜかこういう態度をとって頭から拒絶的反応を示すことが多いが、その拒絶は自分があれだけ好んでいる多様性と多文化社会への拒絶であることに気が付いていない。言っていることとやっていることに明らかな矛盾があるこうした現状は改善した方がいい。本書はこういう問題意識に貫かれている。

すぐあとの「はじめに」で述べるように、本書はキリスト教の入門書であるから、キリスト教についてわかりやすく紹介することを目的としているが、それと同時に、こういうタイプの人をひとりでも多く減らすことも大きな目的としている。「神なんかただの妄想でしょ」ではなく「この宗教は神を信じることをとくに大切にしているんだな」とか、「来世なんてほんとうにあるの？」ではなく「キリスト教の天国と仏教の浄土は同じようなものなのかな」とか、「修行なんか私にはできない」ではなく「そういえば西洋には修行という概念がないように思うけどそれはなんでかな」とか、「みそかつを食べられないなんて私にはムリ！」ではなく「食の戒律を知ることはオモテナシのために必要ですね」とか、こういったタイプの接し方はいくらでも可能であろう。『聖書』や宗教へ拒絶反応を示すか、そうでないなら信仰心を持つか、この二者択一しか道がないと思い込んでいるだけなのだ。決してそんなことはない。世の中には別に好きでもなんでもない人が大勢いるが、だからといってその大勢を憎んでいるわけではないだろう。宗教も同じである。信仰心を持たないからといって、その宗教を嫌悪する必要は毛頭あるまい。

「よいかわるいか」「信じるか拒絶するか」というような二択で対応しなくても、『聖書』や宗教に接することができる。つまり、『聖書』や宗教に対していわば価値中立的に接することができる。キリスト教を学ぶついでにこういう態度も身に付けてしまおう、という欲張りな意図に基づいて書かれているのが本書である。

『聖書』を読むためには『聖書』の中身を信じる必要があるなどということは決してないのだと気付けば、『聖書』はスラスラ読める。別に書かれていることが真実であると信じなくても『聖書』は読めるし、むしろ信じない方が読みやすくなる。いやもっと言うと、信じない方が『聖書』をよりよく理解できるはずだとすら思う。

もっとも、スラスラ読めるといっても、それはそもそもの段階でつまずかないようになるという意味であって、『聖書』が読みやすいエッセイのようなものに感じられるようになるというようなウラワザが本書に書かれているわけではない。『聖書』には予備知識がないと読むのが難しい箇所もあり、本書の中でもその手の知識はいくらか紹介するが、そういう作業自体は本書の役割ではないし、ほかに優れた本がすでにたくさん存在しているので、そちらにお任せしたい。

ともかく、本書を最後までお読みいただければ（第一章を読み終わる時点でも）、『聖書』や宗教というものに対する態度が一新されることだろう。

はじめに —— 本書について

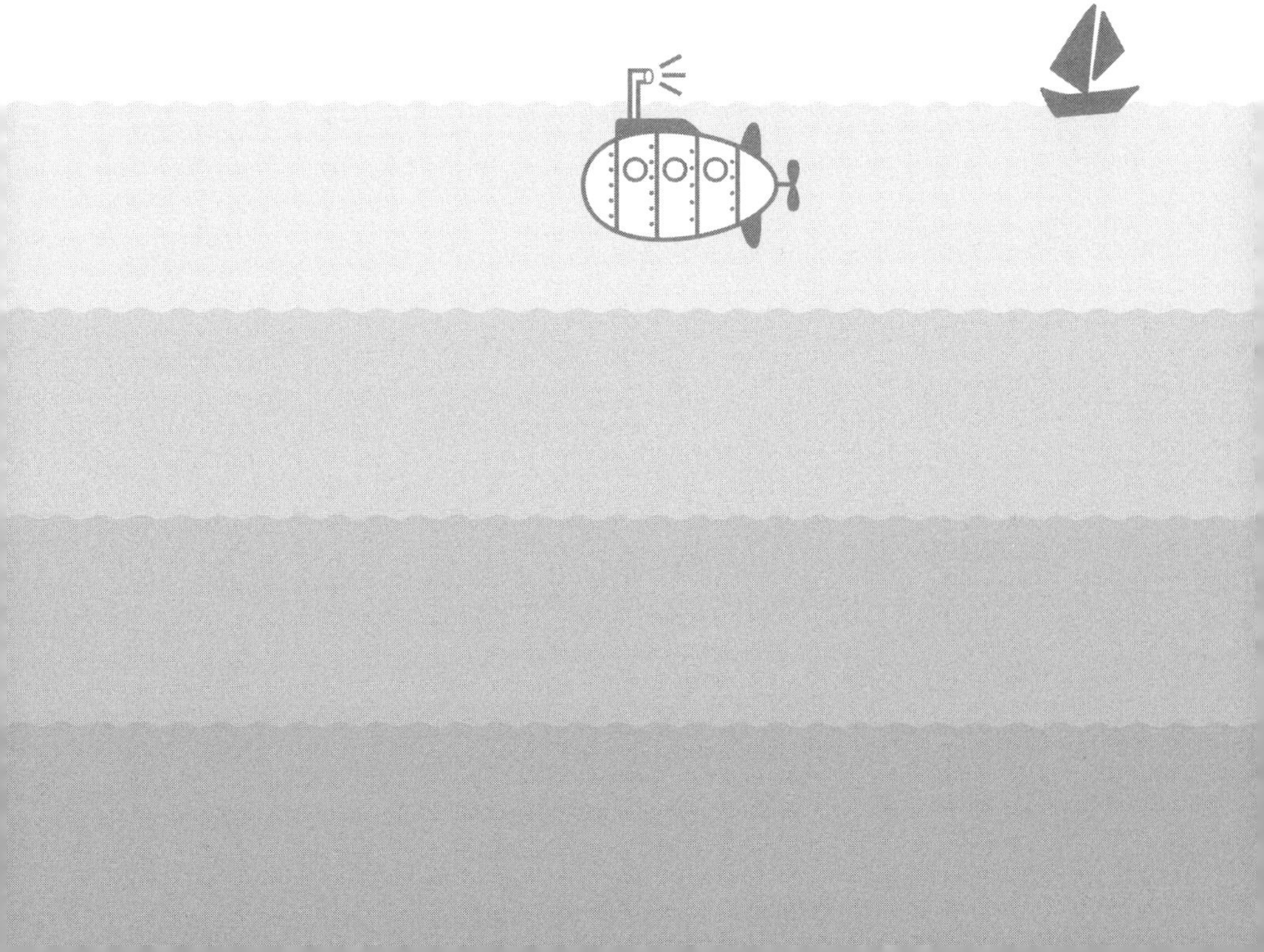

本書はキリスト教の入門書である。入門書といってもいろいろなレベルのものがあるが、本書は以下の問いに明確に答えられないレベルの人でも読むことができる非常にやさしい入門書である。

①「イエス・キリスト」というのは「キリスト家のイエスさん」ということですか?
②「イエス・キリスト」の「イエス」は「イエス/ノー」の「イエス」ですよね?
③聖書は「しんやく」と「きゅうやく」、どちらの翻訳が読みやすいですか?
④キリスト教はヨーロッパで生まれた宗教ですよね?

こんなことも知らない人がいるのか? と驚いた人は本書のレベルをすでに卒業しているかもしれないが、これら四問は大学という場所で教員生活を送る中で実際に私が学生から受けた質問であるから、答えられない人もかなりの程度いるのではないかと推察される。

本書の中にこれらの質問に対する詳しい答えは書いてあるが、そうもったいぶらずに今ここで簡単に答えておく。

まず、「キリスト」というのは固有名詞としての苗字ではなく、「救世主」という意味の一般名詞である。私は職業柄「ネムセンセイ」と呼ばれるが、「センセイ」は固有名詞ではない。「キリスト」とは「センセイ」と同じで、ただの一般名詞である。

次に「イエス」であるが、これは「Jesus」や「Jésus」などと書く。英語で発音すれば「ジーザス」、スペイン語だと「ヘスス」であり、フランス語だと「ジェジュ」である。たまたま現在日本語で「Jesus」を「イエス」と発音するのが慣例になっているだけで、「Yes」とはまったく関係がない。「Jesus」は人の名前である。そして、「太郎」のようなごく一般的なタイプの名前である。

「しんやく」は「新しい翻訳」、「きゅうやく」は「古（旧）い翻訳」ではない。「やく」はそもそも「訳」ではなく「約」である。これは「約束・契約」の「約」であり、神と交わした「約束・契約」のことを意味している。つまり、「しんやく」は「新約＝神との新しい契約」、「きゅうやく」は「旧約＝神との古い契約」である。

最後に、キリスト教はいかにもヨーロッパ的なものであるように思われるかもしれないが、アジア生まれである。今でいう中東のイスラエルのあたりを中心にして成立した宗教である。

この本を手にとるまでキリスト教という言葉そのものを聞いたことがなかったというような人はほとんどいないと思われるが、しかしキリスト教がどのような宗教であるかということについて、きちっと説明できる人は案外少ないのではないかと思う。右の四問に簡単に答えられた人も、イエスがキリスト教をつくった人ではないということ、つまりイエスはクリスチャン（キリスト教徒）ではないということを知っている人は少ないのではないだろうか。イエスはたしかにキリスト教の成立に関して大きな役割を果たしている。しかし彼はクリスチャンではなかった。

いきなり予想外の情報が放り込まれて、どういうことだと気になっているかもしれないが、ここはまだ「はじめに」であるから、本論で詳述する内容を話し過ぎるのもよくない。先に進むことにしよう。

次に話しておきたいのは、イエスという人物についてである。イエスは崇高な教えを説いた聖なる宗教者であって、キリスト教はおろか、そもそも宗教とはまったく無縁の生活を送っている自分には関係ない人だ、と考える人はこの日本にかなり多いだろう。しかし、イエスがどのようなことを言い、どのようなことを行ったのか、ということを具体的に知れば、もはやイエスに対するそのような態度はガラリと変わるはずである。

私の親友が経験した話を一つさせていただこう。その親友は若いころ市役所のすぐそばの喫茶店でアルバイトをしていた。場所柄、市役所関係の人がよく利用するお店だったようである。或る日、中年男性の三人グループが入ってきた。小さいお店なので話し声がよく聞こえる。内容から察するに、どうやらその人たちは教育委員会の「おえらいさん」たちのようであった。「最近の若い教育者は……」「もっと教育の現場が……する必要がある」などという会話が交わされていたようである。

さて、問題はここからである（いや、すでに「最近の若い○○は……」などという会話をする連中なんぞ最初から信用できないが）。その三人のうちの一人がコップを落として割ってしまったらしい。親友はすぐに怪我はないか、服はよごれていないかと対応に走ったのであるが、コップを落とした「教育者」は親友が割れたガラス片を拾うあいだ、申し訳ないような態度をとることはいっさいなく、ひとことも詫《わ》びなかったそうである。それどころか、その三人は終始ニヤニヤしていたらしい。お店を出る時にも、その「教育者」たちは割れたコップの代金の話をするどころか、ひとことたりとも謝罪をしなかった、と言ってその親友は憤慨していたのである。

この話を聞いて、そんな連中に教育を語る資格などない！ と憤らない人はいないと思う。そんなに「教育、教育」と言うのなら、自分でまずはその「教育」を実践すればいいではないか、口先だけの偽善者め！ と思うだろう。私もまったく同感である。人間的にこんないい加減な連中が日本の教育制度のトップにいるのかと思うと心の底からうんざりする。

イエスは、こういう口先だけの偽善者を痛烈に批判した人である。イエスは大いに憤っていた。具体的に何に憤っていたのかは本書を読んでいただくことにして、イエスの憤りは私の親友の憤りとまったく同じレベルのものである。だから、親友の憤りに共感した人は、イエスの憤りにも必ず共感するはずである。言い方を変えると、ただ題材が宗教であるだけであって、人間として腹が立つことに対してイエスはまったく同じように腹を立てているのである。同じことであるが、こうも言える。すなわち、宗教という文脈とは関係なしでも、イエスが何に腹を立てているのかは十分にわかる。つまり、『聖書』は読める。

私は一人の人間として、イエスに非常に共感するものである。私はキリスト教徒ではない。しかし、イエスのことがとても好きだ。それは、イエスが崇高な教えを説いたからではまったくない。イエスが人間としてとてもまっとうなことを言い、行っていると感じられるから好きなのである。「然りは然り、否は否と言え。それ以外は悪魔が言わせるのである」とイエスは言う。イエスは空気も読まないし、忖度もしない。「然りは然り、否は否」とシンプルに生きる。そういうブレのない生き方に対するあこがれはあってもなかなか真似できるものではない。要するにイエスはとてもかっこいいのである。

本書は名古屋外国語大学の「キリスト教の世界」という一般教養科目の教科書として書かれている。学生には人間イエスと共に（そしてネムと共に）世の中に大いに憤ってもらいたい、と思いながらこの授業を作っている。だから、この授業は「キリスト教の世界」と銘打ってはいるが、実際には、イエスがどのようなことを言い、何を行なったのかという点を軸にして構成されている。それゆえ、この授業はキリスト教の歴史を細かく紹介するものでもないし、キリスト教文化圏における絵画や建築や習俗などについて紹介するものでもない。本書も同じであって、キリスト教の入門書であることを意図してはいるものの、キリスト教に関わるものを幅広く扱うわけではなく、内容にかなり偏りがあることを最初に述べておきたい。

もっとも、幅広い内容をまんべんなくカバーしつつも面白い本に仕上げるには相当な実力が必要であるが、私は学生時代にキリスト教を扱った授業を受けたことがまったくなく、学術的な面で誰からも専門に学んだことがないという意味ではド素人であって、実のところ幅広い内容をまんべんなくカバーするような本を書く能力をそもそも持ち合わせてはいない。

私の学術的な専門分野は哲学である。それゆえ、イエスの言行がどのような哲学的前提に支えられていると考えることができるかといったことや、イエスの言行を哲学的に敷衍すればどういうことが言えるかといったような議論を行うことは可能である。

本書はあくまで入門書であるが、部分的にかなりつっこんだ考察をするつもりであり、ここにも本書の一つの特徴があるといってよいだろう。

最後に、本書のシリーズ「ネム船長の哲学航海記」についてもごく簡単に述べておきたい。本書は「ネム船長の哲学航海記」のシリーズ第三弾であり、すでに次の二冊を刊行済みである。

『ソクラテスからの質問——「価値はひとそれぞれ」でいいのか』二〇二二年
『はじめての比較宗教学——なぜ「今日はツイている」のか』二〇二三年

第一弾は名古屋外国語大学の「現代を生きる哲学」、第二弾は「比較宗教論」という授業の教科書として書かれているが、一般の読者でも難なく読めるように書いてある。授業内の知識で補足せねば読み進められないようなものではまったくない。また、私はいかなる文章もなるべく平易に、決して無駄に難解な専門用語を振り回さず、高校生程度の能力があれば読めるようなものを書こうと自分では心がけているので、これらの教科書について、とても読みやすいという評判は耳にすることはあっても、難しくて読めないというクレームは今のところない。本書も最後まで楽しんで通読していただけると思う。

また、「ネム船長の哲学航海記」というひとクセあるこの名称についても少しだけ述べておく。私は「根無（ねむ）」という珍しい苗字で、「根無」と書いて「ねなし」と読む苗字の人はそこそこ存在しているようであるが、これを「ねむ」と読むケースは稀のようで、いまだに家族以外の「ねむさん」には出会ったことはない。この苗字に目をつけたのが名古屋外国語大学出版会の前編集主任である川端博さんである。川端さんはジュール・ヴェルヌの『海底二万里』という長編SF小説に登場する「ネモ船長」にあやかって、私が書く教科書を「ネム船長の哲学航海記」という名称でシリーズ化するのはどうかと提案してくださった。おかげで、たいへん面白い船旅が開始されることになった。

「哲学航海記」と銘打ってはいるが、第二弾もこの第三弾も、厳密には哲学分野の著作ではない。もっとも、すでに述べたように私は哲学研究者であり、哲学研究者ならではの独特な切り口で考察を行っているところもあるから、そういうものとしてこの「哲学航海記」というシリーズ名を受け取っていただければと思う。

なお、私が担当している「キリスト教の世界」という授業は、次の三冊の本の恩恵を大きく受けて作られている。

●八木誠一『イエス』清水書院、二〇一六年（初版は一九六八年）
●田川建三『イエスという男』三一書房、一九八〇年（現在は作品社から二〇〇四年に出版されている第二版が入手可能）
●高尾利数『イエスとは誰か』ＮＨＫブックス、一九九六年

従って本書もこれらの恩恵によって成立しているといってよい。これらは私が若い

ころに何度も読んですっかり私の血肉となっているものであるが、本書を執筆する前に久し振りに読み返してみた。相変わらず私に感動を与えてくれる素晴らしい本であると再認識した。私は本書の中でとくに断りなくこれらの三冊と同じような議論をしている箇所もあるが、本家には到底かなわない。本書を終えてさらに学びたい人はこの優れた三冊を読んで欲しい。この三冊については本書巻末の読書ガイドで改めて紹介させていただくことにする。

※本書における『聖書』からの引用は基本的に『新共同訳聖書』によるが、『口語訳聖書』と『田川建三訳　新約聖書』や、他の研究書などの中にある私訳を参考にした箇所もある。また、読みやすさに配慮して、聖書の本文にはない段落、句点、読点を独自に設けている場合がある。

第1章 本書の立場

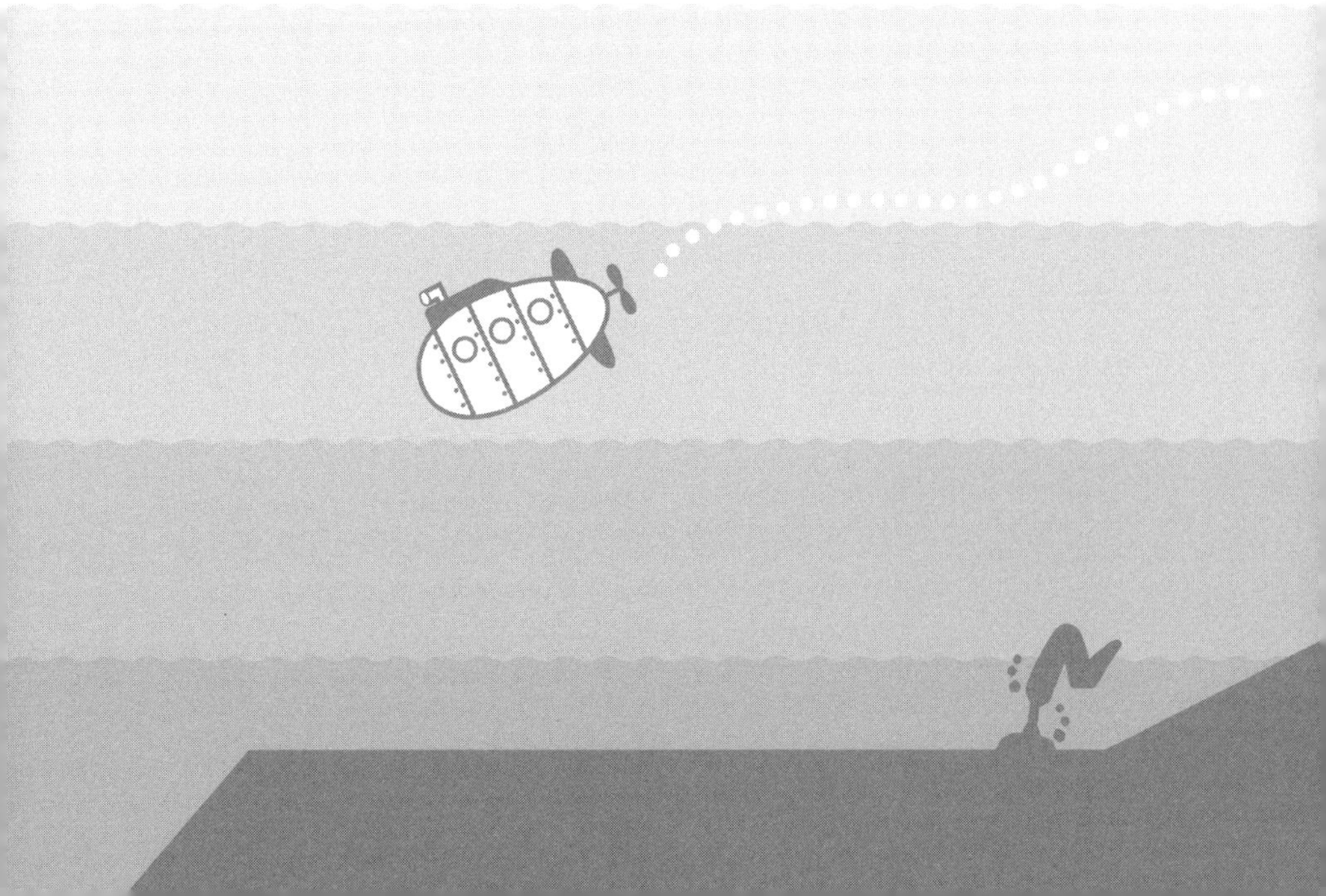

ネム船長の羅針盤

聖書に書いてあることを歴史的事実であると考えなくても聖書は読める、ということをまずは肝に銘じるべし。死んではいないのに「まじで死んだわ〜」というあなたの言葉使いと同じだと思えばそれでよい。そういう表現を用いて何を伝えたいのかを考える方がよほど重要である。

「モーセが手を海に向かって差し伸べると、〔…〕水は彼らの右と左に壁のようになった」

……『創世記』

「今日の2時間目、まじで死んだわ〜」

……或る学生

1　『平家物語』と『聖書』

本書を始めるにあたって、しょっぱなからかなり予想外だろうが、まずは『平家物語』の次の文章を読んでいただきたい。第六巻、「入道死去」の段である。

入道相国《にゅうどうしょうこく》は、発病されたその日から、水さえ喉にお通しにならない。体内の熱いことは、火をたいているようである。臥しておられる所から四、五間《けん》の内に入る者は、熱さに耐えられなかった。ただ言われることは「あた、あた」というばかりである。まったくただ事とはみえなかった。

　比叡山から千手井《せんじゅい》の水を汲みおろして、石の槽《ふね》になみなみとたたえ、それにひたってお冷えになると、水ははげしく沸きあがって、たちまち湯となってしまった。もしかお助かりになられるかと、筧《かけひ》の水をひいてお体に流しかけたが、焼けた石や鉄にあたるように、水はほとばしって寄りつかない。たまたまお体にあたった水は、炎となって燃えたので、黒煙は御殿の中にみちみちて、炎は渦を巻いて燃えあがった。*1


入道相国とは平清盛のことである。この「入道死去」の段については、中学か高校の古典の時間に習うはずなので、よく知っているのではないかと思う（今は習わないかもしれないが……）。清盛が高熱で亡くなるときの様子が描写されているのがこの段である。

　さて、この文章をみなさんはどのように読んだだろうか。一読して明らかであるが、こんなことは起こり得ないと感じただろう。これは過度に誇張された表現であるとすなおにそういうものとして理解したと思う。「一間」は約一・八メートルだから、「四、五間」というのはだいたい七〜九メートルである。清盛を中心とする七〜九メートルの範囲内には熱すぎて近づけないと書かれているし、清盛が水風呂に入れば一瞬で風呂の水のすべてが沸騰してしまったと書

＊1　杉本啓三郎全訳注『平家物語』（六）、講談社学術文庫、二〇〇六年（初版は一九八四年）、一一八頁。

かれているし、清盛の体にあたった水は炎になって燃え上がったと書かれている。＊2

こんなことは現実には起こるはずがないので、これは別によく考えてみるまでもなく、『平家物語』の作者は、清盛が実際に罹患した高熱の苦しさを或る種の文学的表現でもって誇張して読者にアピールしようとしているだけだ、と誰もがそういう仕方でこの文章を受け入れると思う。

では次の文章を読んでいただこう。『旧約聖書』の中の一節である。『旧約聖書』という書物のその名称や成り立ちについてはいずれ紹介することにして、とりあえず以下の文章は『聖書』と呼ばれる本の中に書かれてあるものである。

モーセが手を海に向かって差し伸べると、主は夜もすがら激しい東風をもって海を押し返されたので、海は乾いた地に変わり、水は分かれた。イスラエルの人々は海の中の乾いた所を進んで行き、水は彼らの右と左に壁のようになった。

エジプト軍は彼らを追い、ファラオの馬、戦車、騎兵がことごとく彼らに従って海の中に入って来た。〔…〕主はモーセに言われた。「海に向かって手を差し伸べなさい。水がエジプト軍の上に、戦車、騎兵の上に流れ返るであろう。」モーセが手を海に向かって差し伸べると、〔…〕水は元に戻り、戦車と騎兵、彼らの後を追って海に入ったファラオの全軍を覆い、一人も残らなかった〔…〕。

＊2　これを読んで漫画『ドラゴンボール』を想起するのは私だけだろうか。闘気を燃やす悟空やベジータなどによく似ていると思うのだが……。

主はこうして、その日、イスラエルをエジプト人の手から救われた。イスラエルはエジプト人が海辺で死んでいるのを見た。

モーセという人物がイスラエルの人々を引き連れてエジプトから脱出しようとしている。彼らの前には海、後ろには追手のエジプト兵。もはや万事休すというときに、モーセが手を海に向かってかざすと、なんと海が真っ二つにわかれて道が現れた。「水は彼らの右と左に壁のようになった」と書かれているので、南米のイグアスの滝のような横幅の大きい滝が向い合っていて、それがともに逆流している様子をイメージすればよいだろう。*3 彼らはその滝と滝の間に出現した海底の道を通って海の向こう側に逃げることができた。そう書かれている。このシーンは、まだCGというものが存在していない一九五六年に映画「十戒」で迫力満点に映像化されたことでも広く知られている。*4

2 「清盛読み」をする

この「モーセの海割り」はとても有名なので、何かで読んだことがあるかもしれないし、映画「十戒」を観て知っていたかもしれないが、いずれにしてもこれもまた『平家物語』と同じく、「起こり得ない」ことが描写されている、と理解しながら読む人がほとんどだろう。人間が手をかざして海を真っ二つに割るなんて、そんなことはどう考えても現実世界では起こり得ないはずだと思

＊3 イグアスの滝（撮影：根無ゼミの吉田洸太君）。

＊4 映画「十戒」より。

いながら読むはずである。[*5]

ここまではこれでよい。問題はこの先である。「入道相国の死去」と違い、「モーセの海割り」については、この「現実には起こり得ない」という感想だけで終わらない場合が多い。私が問題視するのは、「モーセの海割り」が「起こり得ない」ものとして読まれるとき、その読み方とセットで「だから『聖書』はうさんくさい」という感想も同時に持つ人が多いという事実である。

『聖書』の中にはたくさんの「起こり得ないこと」、つまりいわゆる「奇跡」が記されている。それゆえ、そういった「奇跡」に満ちた『聖書』は信用できないものである、うさんくさいものであると判断し、「だからキリスト教はあやしい」「だから宗教というものには近づいたらいけない」という理解が共有されているように思われるのである。

『平家物語』の場合、清盛についての異常な描写を表現上の単なる「誇張」としてすなおに読むことができるのに、なぜ『聖書』だとそういうすなおな読み方ができないのだろうか。『聖書』の場合も一種の文学的表現でもって「誇張」して書かれていると、すなおに読めばそれでいいではないか、と私は思う。こういう読み方を本書では「清盛読み」と命名することにする。つまり、『聖書』だって「清盛読み」をすればいい。これが本書の立場である。

もうすこし別の例で論じよう。たとえば、学生たちは日常的にこんな会話をしているのではないだろうか。

＊5　これもまた漫画「ドラゴンボール」なら可能だろうと私などはつい考えてしまうが……。

「今日の2時間目、まじで死んだわ〜」
「いや、オレの方が死んだって。次はきちんと予習してから出席しよう」＊6

仕事帰りのサラリーマンたちなら（サラリーマン以外も）きっとこういう会話をしているだろう。

「ノドが渇いたときのビールは最高や！　生き返ったー！🍺」
「うまい！　これでやっと生き返れる！🍺」

こういう会話はごく自然なものであり、とくに何の違和感もなく受け入れられるだろう。当然ながら、話者の間では「死んだ」「生き返る」という言葉が指示する内容は過不足なく理解されているはずである。

この日常会話において、「死んだと今あなたは言いましたが、ほんとうは死んでいませんよね？　だって、生きていますから」とか、「生き返る以上は、まず死なないといけませんが、あなたはまだ一度も死んでいませんよね」とか、そういった類のレスポンスをする人は（ウケを狙う人をのぞいては）おそらく存在しないと思う。「死んだ」「生き返る」というようなこのタイプの表現が単なる比喩表現であって、しんどさや心地よさを誇張して言い表しているだけだということを誰もが理解しているはずである。

だから、日常のこういう表現は受け入れているのに、『聖書』の書き方にケ

＊6　こういう文例を用いるアイデアは、私の双子の兄一行（大谷大学教員）から借りた。

チをつけるのは矛盾していると私は思う。こういう矛盾を犯す人は、言っていることとやっていることが矛盾している点で、実のところ「はじめに」で言及した教育委員会の「おえらいさん」と同じである。

3 『聖書』は「聖なる書」ではないと考えてみる

こういう矛盾を犯してしまうことには二つ理由があると思われる。それは第一に『聖書』という書物を誤解しているからであり、第二に宗教というものについて明らかに知らなさすぎるからである。

『聖書』という書物は、複数の文書が寄せ集められて構成されている。『旧約聖書』は全三九の文書、『新約聖書』は全二七の文書からなるとするのが一般的である（立場によっては含めるものや含めないものがあるので多少数が変わるが、そんな細かいことは今は問題ではない）。『旧約聖書』の文書群の多くは『新約聖書』の文書群よりもはるかに古い時代に書かれているが、いずれも一人の著者が書いたものではなく、複数の著者が別々に書いたものである。また、各文書の正確な著者がわかっていない場合も多いし、当時の世の中で語られていた伝承を著者がまとめただけと考えられるものもあり、まずはそういうものとして、つまり、誰かの手によって書かれたものとして、この書物を理解しておく必要がある。ちなみに、イエスの弟子筋の人たちがイエスについて書いたものが『新約聖書』に含まれているが、イエス自身は何も書き残していない。

このように、まずは『聖書』は一定の歴史の中で誰かによって書かれた複数の文書からなる単なる書物であって、「聖なる書」ではないと考えることが重要である。『聖書』に書かれていることは絶対に揺るぎのない真実であるということを受け入れない限り『聖書』を読むことはできないなどと考える必要はないのである。『聖書』もただの本であり、或る時代の或る人たちが特定の目的をもって書いたものであって、時代や環境などの制約を受けて書かれているものであると認識することが肝要である。

とはいえ、実は『聖書』をただの本であると見なすこの立場も一つの立場であって、また別の立場が存在している。つまり、『聖書』に書かれていることは絶対に揺るぎのない真実であり、『聖書』の中に誤りは一切ないと考える立場である。こういう考え方を「聖書無謬説」といったりもするが、この立場の本質はどこまでも『聖書』の神聖性を強調する点にあるといってよいだろう。『聖書』に記された内容は一字一句絶対的な神聖性を帯びていると見なすわけである。聖書の無謬性を標榜するキリスト教一派を「ファンダメンタリズム(fundamentalism)」という。日本語では「原理主義」や「根本主義」と訳される場合が多い。*7

「ファンダメンタリズム」は『聖書』に記されていることは歴史的に実際に起こったことであるとしてとらえるから、『旧約聖書』の中にある「神は土くれに命を吹き込んで人間を創造した」という内容の記述や、『新約聖書』に中に書かれている「マリアが処女のまま妊娠してイエスを産んだ」という事柄を

*7 「ファンダメンタリズム」に関して詳しく知りたい方は、小川忠『原理主義とは何か』講談社現代新書、二〇〇三年をオススメする。

歴史的事実として理解する。だからこの立場の人はもちろんダーウィンの進化論を拒否するし、マリアに起こった奇跡の話もほんとうのことであると信じている。

私自身はこの「ファンダメンタリズム」の立場はとらない。右で述べたように、『聖書』はただの本であり、特定の目的を持った現実の人間が時代的制約・環境的制約を意識的・無意識的に受けながら書いたものであり、その時代・その社会の世界観や価値観が大きく反映されていると考える立場をとる。これが本書の立場である。

ちなみに、こういう「清盛読み」は古くからなされてはいるが、「清盛読み」が方法としてはっきり自覚されたのは、プロテスタント神学者ルドルフ・ブルトマン（一八八四～一九七六）による「非神話化」という聖書解釈の方法が提示された二〇世紀になってからである。だから本書でも「非神話化」という専門用語を用いてもよいのであるが、こういういかにも学問的な雰囲気を持った用語を使わないと自分の議論に説得力が生まれないなどとは私はまったく考えないので、「はじめに」でも書いたように、難しい用語は必要な場合に限ってのみ用いたい。

繰り返すが、私たちが気を付けるべきは、「ファンダメンタリズム」の立場をとらない限り『聖書』は理解できないというのは単なる思い込みに過ぎないということである。そんなことはない、という考え方があるということを知れば、『聖書』は俄然《がぜん》読みやすくなる。

「モーセの海割り」を書いた著者は、モーセがすごい人物であったことや、エジプト軍からうまく逃げおおせたことにきっと誇りを持っていたのだろう。実際の歴史で何が起こったのか、あるいは実は何も起こっていないのか、といったことは今となってはわからないが、別にわからなくてもいいし、仮にわかったところでたいした意味はない。*8

重要なのは、この内容を記した著者自身が、あの劣勢の中エジプトから脱出できたからには何かすごいことが起こったに違いない！　そういう劣勢をはね返すのはさすがモーセ！　とか、我らの力をエジプト軍に示したのだ！　わが民族の団結力を見たか！　というような熱意で、モーセの称揚と民族意識の高揚という「特定の目的」を持って書いたと考えることができる、という点をおさえることである。著者がどういう思いで書いたのか、それこそが重要だと考えればよい。つまり、「海割り」は著者の単なる「誇張」なのだと考える立場をとれば、それで済む話なのである。「今日の二時間目、まじで死んだわ～」という発言を聞いて、「先生の質問にぜんぜん答えられなくてひどく怒られたんだろうな」と理解するのと同じだというわけである。すでに「清盛読み」の方法はみなマスターしているはずである。*9

4　宗教に対する態度

同じ「起こり得ない」ことが書かれているにしても、『平家物語』に対して

*8　少し前に、「モーセの海割り」は実際の自然現象としてありえる、という記事を何かで読んだ。つまり、科学的に証明されるというのである。「ファンダメンタリスト」にとってはその事実は重要なのかもしれないが、私にはどうでもよいことである。

*9　もっとも、比喩表現を理解するのが苦手なタイプの人もいることは私も十分理解しているつもりである。

は価値中立的な「清盛読み」ができるのに、なぜ『聖書』という書物に関してはそのように読むことができないのだろうか。なぜいちいち「こんな奇跡なんかあるはずがない」「こんな奇跡だらけの本を聖典として大切にするキリスト教にはついていけない」といったような価値判断を下さずに読むことができないのだろうか。

世界には事実としていろいろな宗教がある。宗教には固有の世界観があり、この人生をどのように送れば来世で幸福になれるか、といった考えに基づいて日常生活を送る人も多い。神による救いを信じることが重要だという宗教もあれば、修行によって自分を鍛えることが救いへの近道であると考える宗教もある。

さて、今このように私は書いたわけであるが、こういう私の説明を受けて、「いや、そもそも来世なんてあるの？」とか「いやいや、神なんか存在しないでしょ」とか「私も神は絶対存在すると思う」とか「修行なんて自分はやってられない」とか「私は断食の義務がある宗教の信者の家に生まれなくてよかった」とか、そういう反応（というかただの感想）しかできない人があまりに多いように思われる。なぜ「信じるか拒絶するか」の二択になるのだろうか。なぜ客観的に、世界にはそのように考える宗教がある、来世を信じる人がいる、神の存在を信じる人がいるという事実をただの事実としてシンプルに把握することができないのだろうか。たしかに神が存在するかどうかはわからないと私も思う。しかし、神の存在を信じる人が存在することは紛れもなく事実である。こういう事実をシンプルに把握するということは別に難しいことでもなんでもないだろう。

現代は多文化社会の時代であり、多様性重視の時代である。多文化や多様性という概念を好む人が多い印象を受けるが、今のところそれはただのうわべの愛好にすぎないと思わざるをえない。多文化・多様性と宗教は切っても切り離せないにもかかわらず、宗教に対して「信じるか拒絶するか」「よいかわるいか」の価値判断を下さずに接することのできない人があまりに多いからである。宗教というものに対する価値中立的な態度をとることができるようにならないと、多文化が豊かに共生する社会は実現しないだろうと思うが、この話は本題ではないからこれでやめておく。とにかく、多文化共生・多様性の重要性を叫びたいなら、まずは「食の戒律で豚肉が食べられないなんてありえない」とか「アルコールを飲めないなんて人生終わったようなもんだ」とか、そういう態度しかとれない自分の狭小なものの見方を改めるところから始める必要があるとだけ言っておきたい。[*10]

いや、やはり黙っていられないのであと少しだけ言わせていただく。価値中立の判断ができない人が多いのは、一般的にいって「よいかわるいか」の判断をすぐに下したがる人が多いことからも伺われる。現代という時代は「タイパ」や「コスパ」の時代であって、なるべく少ない時間とコストで最大の成果を挙げることに大きな価値を置く人が多い。

テレビにしてもwebにしても、「タイパをあげる」とか「コスパがいい」とか、そういう謳い文句の情報であふれかえっている。なるべく時間を使わず、コストをかけずに実行するためには、判断の早さが求められることになる。今これ

＊10　世の中には豚肉とアルコールの摂取を信者に禁じる宗教があることはご存知だろうか。イスラームである。またのちほど詳述することになるが、ユダヤ教にも食に関する細かい戒律がある。

に時間を使うのは「よいこと」か、今これを買うのは「わるいこと」か、常に判断を急《せ》かされることになる。「よいかわるいか」を判断する前に、その対象を自分の頭でじっくり考察する時間はない。誰かの評価を参考にして、それが正解であるかのごとくに行動する。かくして、「早い判断」と「よいタイパ」・「よいコスパ」の実現にこそ価値があると信じて疑わない痩せた知性――痩せた知性などというものはそもそも知性の名に値しないともいえるが――が生み出されることになる。

多様性を謳うなら、自分の頭で考えた答えにも価値があるとなぜ考えないのだろうか。どうして自分の感性を信じないのだろうか。「行列ができるお店のご飯は美味しい」のは、「行列ができる＝みなが行く＝みなが美味しいと言う」からであって、その料理の味を自分で判断したからではあるまい。

そもそも「みなが美味しいと言う」ことにはほぼ何の説得力もないと思った方がいい。これもまた昨今の傾向だが、「映《ば》える」ことを重視するあまり料理の味そのものへの評価は二の次になっていて、むしろ逆に「映えるから美味しい」という倒錯的判断が当たり前になっているような気がする。「みなが美味しいと言う」のはたんに「映える」からなのだ。*11

だいたい、こんな価値観で食事をしていてまともな舌が育つはずがないから、実は自分のことなんか最初から信用できないのだろうか。多様性を謳いながら自分で多様性を否定している矛盾を犯している点で、やはり例の教育委員会の「おえらいさん」とまったく同じであることに一刻も早く気付いた方がいい。

＊11　もちろん私は料理の「外見」がいかに重要であるかも正しく理解しているつもりである。芸術家であり稀代の美食家であった北大路魯山人（一八八三〜一九五九）が器にこだわったことには理由がある。しかし、料理の「外見」を問うことができるのは、まずは料理の味そのものに対する判断がまっとうにできるようになってからだろうと思う。

話を宗教に戻すと、「宗教上の理由で豚肉やアルコールを摂取してはいけない人がいる」という事実を知ったとき、それをまずは事実として受け止める作業をすっとばして、「食の戒律でみそかつが食べられないなんてありえない」とか「アルコールを飲めないなんて人生終わったようなもんだ」と早々に価値判断を下すことは、対象をよく知りもしないくせに拒絶する幼稚な態度である。

5　本書の計画

キリスト教への信仰心を持たない多くの日本人にとって、『聖書』が「うさんくさい」ものにしか思われないのは、宗教を価値中立的に、つまり客観的に眺めることができないからである。*12 そして、なぜそもそも宗教を客観的に眺めることができないのかといえば、それは宗教というものをそもそもよく知らないからである。

従って、本書が成功するかどうかは、宗教というものを客観的に理解できるかどうかにかかっているといってもよい。しかし、宗教とは何かということを論理的にきちっと説明できる日本人は残念ながらほとんどいないのが現状である。宗教とは何かというテーマを詳細に論じた「ネム船長シリーズ」の第二弾『はじめての比較宗教学』を既読の方は例外の部類に入るだろうが、そういう人の数はまだまだ少ない。

宗教を客観的に見ることができるようになると、多くの日本人が自分のこと

＊12 「客観的なものの見方」というものなんて根本的にありえないとする哲学的立場もあるが、今はそのような難しい話はどうでもよくて、ごく一般的に用いられる意味の言葉として、読者に私の言いたいことが伝わっていればそれでよい。

を「無宗教」だと自称しながらも、そういう人のほぼすべてが、見方によっては非常に熱心な信仰心を持って日常的に宗教に関わり続けていることに気が付くようになる。宗教に熱心に関わりながらなぜ自分のことを無宗教だと考えるのか。そこには宗教という概念に関する問題と、なぜそういう宗教観を持つようになったのかという歴史的経緯が関係していると見ることができる。

実は私の授業（「キリスト教の世界」）でも学期の最初はキリスト教からあえて離れて、「宗教とは何か」というテーマと、「なぜ日本人（＝あなた）は無宗教なのか」というテーマについて、授業二回分を使って話しており、この二回の授業によって、受講者はかなりの程度で宗教を客観視できるようになり、「信じるか拒絶するか」の二択しか持たなかった貧しい宗教観を一新することができるようになるという好感触を私は持っている。

というのも、この二回の授業を受けたことで、『聖書』を扱うそれ以降の授業内容をニュートラルな態度で理解することができ、それゆえ、イエスの思想についてもとてもよく理解できました、といったような感想を学期の最後に貰うことがことのほか多いからである。逆に、最初の二回は不要だったと言われたことは今まで一度もないので、私のこういう授業計画の意図は今のところ成功していると考えてよいだろう。

そういう次第で、本書もキリスト教を扱う前に、「宗教とは何か」「なぜ日本人は無宗教なのか」について論じておくことにする。あくまで準備作業としての補論であるから本格的な考察は行わないが、章を改めて論じることにしよう。

第2章 宗教とは何か[*13]

＊13 本章の一部は根無一信「なぜパワースポットでパワーが得られるか？」『世界最先端の研究が教える すごい哲学』総合法令出版、二〇二二年を下敷きにしている。

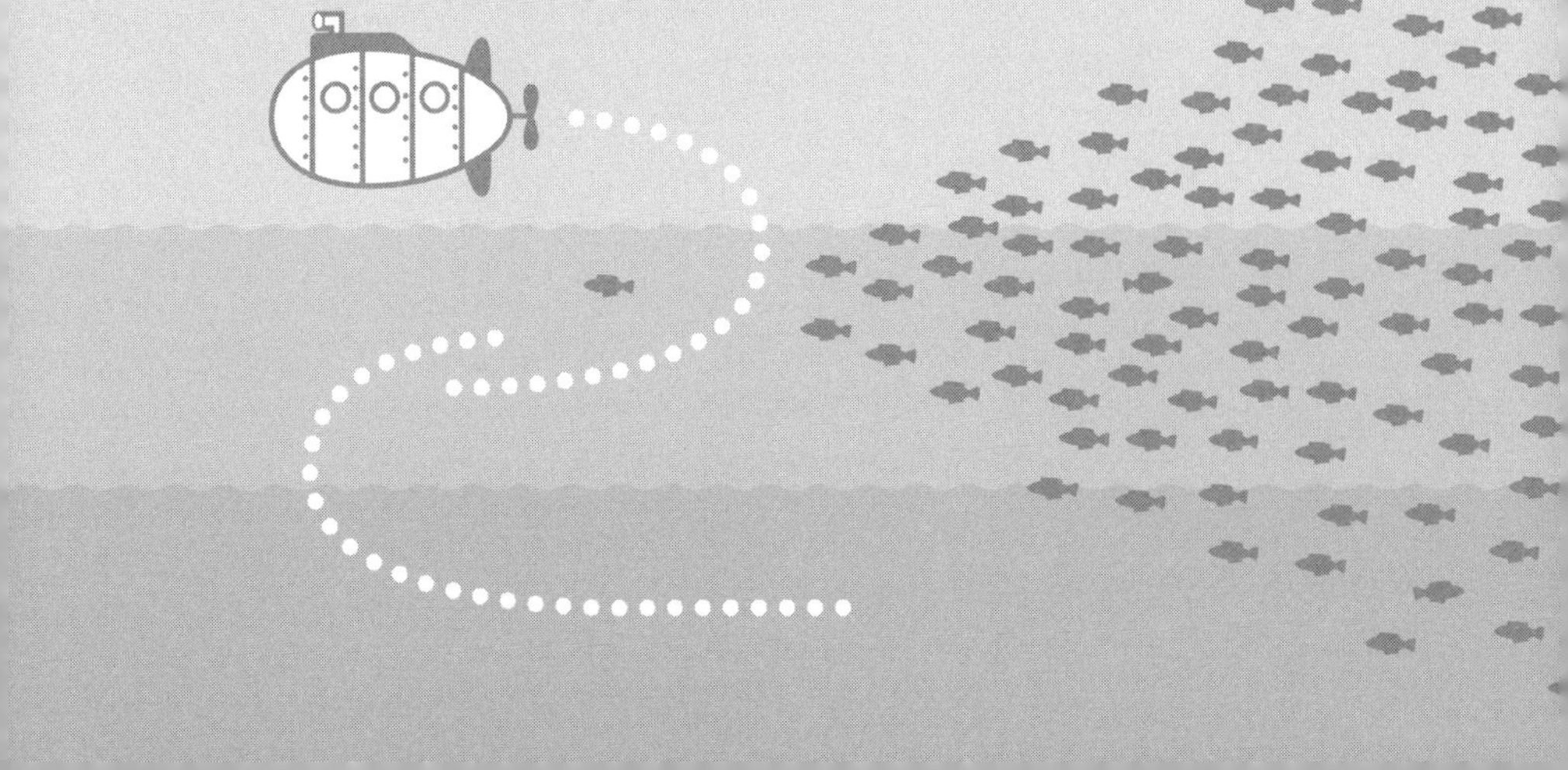

ネム船長の羅針盤

宗教とは何かということに一義的な答えを与えることはできない。だから、あなたが「宗教」という言葉を用いるとき、それをどのような意味で用いているのかということに自覚的でなければならない。あなたが思っている「宗教」とはまったく異なるタイプの「宗教」も存在しているからである。

「宗教の定義は宗教学者の数ほどある」……『宗教学辞典』

1　「異常」な初詣

現代の日本人は宗教に対する警戒心がたいへん強いと言われている。「自分は宗教とは無関係である」「自分は無宗教である」「自分は無神論者である」と表明し、「宗教嫌い」を公言する日本人が多いように思う。では、宗教を嫌う人は宗教の何が気に入らないのだろうか。このことを考える前に、次のランキングを見てもらいたい。

初詣の参拝者数　二〇〇九年度　警察庁調べ（※カッコ内は人口。

（二〇一五年調べ）

一位　三一九万人：明治神宮（東京：一三五一万人）
二位　二九八万人：成田山新勝寺《なりたさんしんしょうじ》（千葉：六二二万人）
三位　二九六万人：川崎大師平間寺《かわさきだいしへいけんじ》（神奈川：九一二万人）
四位　二七七万人：伏見稲荷大社《ふしみいなりたいしゃ》（京都：二六一万人）
五位　二五一万人：鶴岡八幡宮《つるがおかはちまんぐう》（神奈川：九一二万人）
六位　二三九万人：浅草寺《せんそうじ》（東京：一三五二万人）
七位　二三五万人：熱田神宮（愛知：七四八万人）
七位　二三五万人：住吉大社《すみよしたいしゃ》（大阪：八八三万人）
九位　二〇五万人：大宮氷川神社《おおみやひかわじんじゃ》（埼玉：七二六万人）
一〇位　二〇四万人：太宰府天満宮（福岡：五一〇万人）

日本では正月に初詣に行く風習があるが、いったいどれぐらいの人が初詣に行くかというと、たとえば警察庁がデータを残している二〇〇九年は九九三九万人だったそうである。トップテンはご覧の通りで、一位の明治神宮には三〇〇万人以上の人が訪れている。名古屋のバンテリンドームの収容人数が約五〇〇〇〇人なので、その六〇倍ということになる。

私はひとごみが苦手なのでこういう有名な社寺へ初詣に行ったことはないが、新年のテレビニュースを見ていると、神社やお寺に大挙して押し寄せる大群衆の姿が映し出されていて、日本人はすごいと感心してしまう。全国のいたるところでかくも多くの人が神社やお寺といった宗教的施設をこれだけ集中的に訪問するといったことが起こるのは恐らく世界でも日本だけだからである。

宗教施設を訪問するいわゆる「巡礼」の有名な例はイスラーム＊14のメッカ巡礼である。これは一年に一度、サウジアラビアのメッカで一定期間に行われる大イベントである。昨年（二〇二三年）は巡礼期間が六月二七～三十日であり、気温四五度の中、約二〇〇万人が参加したとニュースが伝えていた。

うだるような暑さの中を大群衆が神殿を取り巻く光景を見れば、「宗教は異常だ」と感じる日本人が多いだろうが、自分たちの方がもっとすごいことに気付いていないのだから驚きである。1月の凍えるような寒さの中を三〇〇万人以上が明治神宮へ押し寄せる光景はすさまじい。そもそも明治神宮だけでない。日本各地でメッカ以上の人々が正月という短期間に集中的に押し寄せるのだから、メッカ巡礼など序の口である。この現象は、客観的にはどう考えても異常な事態である。メッカが「異常」なら、日本は「超－異常」である。

日本の人口の約九割、約一億人が初詣に行く。前々頁で見た警察庁の統計には神社とお寺の参拝者が混ざっているが、上位一〇傑のうち七つが神社であることから、少な目に見積もっても約一億人の半数以上は神社に参拝したと推測することができるだろう。しかし、自分を神道《しんとう》（神社を中心にして営まれる日本の民俗宗教）の信者だと考える人は日本人全体のたった四％だそうである。

なぜ神社へ初詣に行くのに自分は宗教とは無関係だと考えるのだろうか。そ

＊14　日本では「イスラム教」という呼称が一般的に通用しているが、アラビア語の発音では「イスラーム」であるのと、この「イスラーム」という言葉自体が宗教の名であるから、「イスラム教」ではなく「イスラーム」という呼称が正しい。

メッカの大巡礼：NHKニュース web版より

れは、日本人が宗教という概念を非常に狭く考えているからであり、また、そのように考えてしまうようになった歴史的な経緯があるからである。概念と歴史、この両方を概観しておくと、宗教というものをかなり客観視できるようになる。

2　アニミズムとアニマティズム

日本人が「宗教」という言葉によって喚起するイメージの典型は、「神」や「教祖」、あるいはそれらの周りに集まる「信者」とか、たくさんの「信者」が集う「教団」であるとか、あるいは「信者」が熱心に守ろうとする「戒律」とか、そういったものだろう。これが、日本人における一般的な宗教理解であるといえる。

たしかに「神」「教祖」「信者」「教団」「戒律」は宗教というものに関わる場合が多いといえるが、これらが一切関わらないと見ることができる宗教もある。このタイプを理解する鍵は、アニミズムとアニマティズムという概念である。アニミズムとは、イギリスの宗教学者Ｅ・Ｂ・タイラー（一八三二〜一九一七）がラテン語で「魂」を意味する「アニマ（anima）」という言葉から造った概念で、星々や山や川や樹木や動物など、あらゆる自然界の事物に「魂」が宿っていると考える思考形態のことをいう。タイラーは、かつて精霊崇拝のような形態の「原始的な宗教」が信仰されており、その信仰のベースになっているのがアニミズムだと考えた。

浅草寺：http://kawagoesi073.blog54.fc2.com/blog-entry-1170.html

このアニミズム的宗教よりもさらに「原始的」な形態の宗教があると考えたのが、タイラーの弟子のＲ・Ｒ・マレット（一八六六～一九四三）である。昔の人は雷雨や日食など特異な自然現象などに遭遇すると、その自然現象そのものに不思議な力があると考えたはずで、現象の背後に精霊のような「霊的存在」を想定するアニミズムに先立って、そういう形態の思考があったはずだとマレットは言う。つまり、「霊的存在」よりも「不思議な力」の方がより根本的だというわけである。マレットはこのタイプの思考形態をアニマティズムと名付け、「不思議な力」を恐れる心に宗教の「原始的」な姿を見ようとした。彼はアニマティズムのことをプレアニミズムとも呼んでいる。アニミズムに「先立つ（プレ）」という意味が込められている。

精霊や死霊などのいわば「人格的存在」がアニミズムの概念にとって重要であるのに対して、アニマティズムの概念の中心は、自然現象が持つとされる「非人格的な力」であるといえるだろう。

「お地蔵さんにおしっこをかけてしまったので、バチが当たって鳥にフンを落とされた」というような言い方がなされることあるが、この場合、ここで言及された「バチ」の前提にはお地蔵さんという「霊的存在」の働きが関係しているという発想がありそうだから、これは極めてアニミズム的だといえるはずである。また、パワースポットで受けとることができるとされるパワーはどう考えてもアニマティズム的である。パワーとは定義上「不思議な力」そのものだからである。

3　自然宗教と創唱宗教

　このようなものの見方をすることができるようになると、日本には他にもたくさん注目すべき風習・文化が存在していることに気が付くだろう。日本人の多くは「ツキ」や「ゲン担ぎ」や「縁起」などに彩られた日常を送っているし、神社に行けばおみくじやお守りを買い、友引や仏滅などの暦注に基づいて日取りを決める人が非常に多いと思われる。占いをテーマにしたテレビ番組もあり、占いの結果にむせび泣く様子が映し出されている。占いを扱う番組はそもそも視聴率が取れるからやっているわけであって、それだけ占い好きの日本人が多いといえる。占いは一種のシャーマニズム（＝予言、死者との交信、悪霊祓いなどの営みを行うシャーマンの能力を軸とする宗教）であるから、日本では多くのシャーマンが活躍していて、シャーマンがテレビにも引っ張りだこのシャーマニズム社会であるといえなくもない。

　「バチ」を与えるのは何・誰か、お守りを持つ人を守るのはいったい何・誰か、ということを少し考えてみれば、「よくわからないけど何かすごい力」や「超越的な存在者」などが働きかけているということを前提にしていることがわかるはずである。自分ではいくら意識していなくても、あるいは「信仰」していないと思っていても、「お守り」と「合格・交通安全・商売繁盛」の間に何らかの因果性を成立させるロジックを受け入れているからこそ、こういった文化現象が生じるのである。

こうなってくると、日本人は超越的存在・力にかなり左右されているように見えてくる。「バチ」や「ツキ」などはかなりアニミズム的（人格的存在の働きかけ）であるように思われるし、パワースポットで受けとることができるとされるパワーはどう考えてもアニマティズム的（非人格的な力の作用）である。アニミズムやアニマティズムは「昔の・遠い国の原始的な生活をしている人たち」に限定されるわけではない。アニミズム的宗教やアニマティズム的宗教という概念をひとたび知れば、令和のこの日本はすみずみまで宗教が行きわたっている国であるように見えてくるはずである。

このタイプの宗教をさらに理解するためには、「自然宗教」と「創唱宗教」という概念を参照することが有効である。「自然宗教」とは自然に発生し、いつのまにか生活に根付いている宗教のことである。「自然崇拝をする宗教」の意味ではない。これに対して「創唱宗教」とは、或る特定の創唱者のような人物がその宗教の成立に本質的な役割を演じている宗教である。

「創唱宗教」の場合、「神」「教祖」「教団」「戒律」「信者」といった概念があてはまる場合が多い。キリスト教、イスラーム、仏教といった世界宗教や、日本で幕末に誕生した天理教、黒住教、金光教、新しいところでは幸福の科学、旧統一教会、オウム真理教を念頭に置けばよいだろう。ほとんどの日本人が宗教という言葉を使う時に念頭に置いているのは、このタイプの宗教だろうと思われる。

自然宗教の場合、それは日常にすっかり溶け込んでしまっているので、無自覚的な場合もある。「バチ」や「ツキ」は完全に日常に溶け込んでいるし、パワースポットも一般市民の「娯楽」のようなものとしてすっかり定着しているが、これらの概念がまさしくアニミズム的・アニマティズム的であることは確認したとおりであって、要するに、日本人の多くはアニミズムやアニマティズムに基づく「自然宗教」を無自覚的に信仰していると見ることができるだろう。あるいは、「無自覚的な自然宗教」を信仰していると表現してもいいかもしれない。

いずれにしても、日本人が「自分は無宗教である」と自称するときの「宗教」は「創唱宗教」の意味である一方で、そういう本人は客観的に見ると「自然宗教」を無自覚的に熱心に信仰しているということになる。

4　独特の難しさ

このように、宗教というものを理解するにはかなり幅の広い射程で考える必要があるといえるが、しかし逆に考えると、あまりにも幅が広すぎるゆえに、同じ「宗教」という概念を当てはめていいかどうか、怪しいような場合もあるだろう。「アニマティズム的自然宗教」もあればイスラームのような「創唱的一神教」もあって、それらの内実はかなり違っているからである。

かなり違っているものを「宗教」という一つの概念のもとで把握するためには、それらに共通する「本質」を見出す必要がある。つまり、宗教の定義というものをまずはしっかりと把握しておく必要があるだろう。

しかし、現状を見てみると、私たちは宗教というものを曖昧に理解することしかできていないし、その理解もたいていはいい加減なものである。学校教育の中で「宗教とは何か」という問いの答えとしての宗教の定義を教えてもらったことなどないだろうから、多くの場合はなんとなくの我流の理解しかしていないはずである。

なぜ誰も「宗教とは何か」についてのしっかりした答えを教えてくれないのだろうか。なぜこのような事態に陥っているのだろうか。なぜ宗教というものはわかりにくいのだろうか。

このすっきりしない状況は、学問の世界においても同様である。試みに、よく知られたいくつかの「宗教の定義」を並べてみよう。たとえば、さきほどアニミズムのところで紹介したE・B・タイラーは次のように言っている。


宗教を最も狭義に解釈すれば、単純に、霊的存在への信仰というのが妥当であろう。

この定義では「何かを信じる・信仰する」ということがキーポイントになっているといえる。信仰という概念を軸にした定義を提示している学者としてはティーレ（一八三〇〜一九〇二）もそうである。

神が人よりも優れているということの十分な確信と結びついた神と人との精神的統一の信仰はすべての宗教の核心である。

たしかに宗教といえば「信仰」、という一般的な理解にも一理あるといえる。いろいろな宗教にとって「信仰」はとても重要な意味を持っているからである。ところが、たとえば仏教はもともとは「信仰」とは無縁の宗教であって神仏をまったく想定しないし、現代でも仏教の中の禅宗はとくにそういうタイプであるから、宗教の本質を「信仰」に置くなら、それらは宗教ではないことになるが、それはへんな気がするだろう。だから、そういう定義では不十分であるといえることになる。

そこで、また別の定義を見てみよう。ベラー（一九二七〜二〇一三）という学者と日本の代表的な宗教学者岸本英夫（一九〇三〜一九六四）の定義を並べておく。

宗教とは人間が直面する究極的諸問題への応答である。

宗教とは、人間生活の究極的な意味をあきらかにし、人間の問題の究極的な解決にかかわりをもつと、人々によって信じられているいとなみを中心とした文化現象である。

自分が抱えている「究極的な問題」に対して宗教は何らかの応答をするものである、というわけである。これだと、仏教についてもうまくあてはまる場合があると思われるが、しかしまた別の問題がでてくる。たとえば、人によって「究極的な問題」はまちまちであり、「来世での幸福」や「悟り」の場合もあるだろうが、「お金」や「名誉」や「外見」の人もあるだろうから、そう考えると、この定義はだいぶズレているような気がする。

そういうわけで、また別の定義も出てくることになる。たとえば、日本人には「神は人間の想像力が生み出した幻想である」と考える人が多いという印象を私は持っているが、この路線で宗教を定義する学者もいる。フロイト（一八五六〜一九三九）やマルクス（一八一八〜一八八三）である。彼らはこう言う。

宗教とは願望充足のための幻想である。

宗教とは倒錯した世界意識であり、民衆の阿片である。

宗教や神というものは、人間が自分の願望を満たすために妄想して作り上げたものにすぎず、文明が発展すれば消滅するというようなタイプの考え方をする人がとくに現代には多いように思うので、その意味ではフロイトやマルクスの定義は或る程度説得力があるかもしれないが、それは宗教批判をする側の人からすればそうであるだけである。宗教内部の人にとっては、神仏は人間が存在しようがしまいが、変わらずに存在を続けている永遠の超越者である。だから、宗教を妄想だと見なす定義に納得できない人も相当数いるだろう。

ざっと検討しただけでも、定義について考えようとするとこれだけの齟齬《そご》が生じてくるのであるから、宗教とは何かについて明確な理解が共有されているはずがないのである。もし仮に宗教について「１＋２＝３」のような明快な答えが共通の認識として存在しているならば、とっくに何かの「教科書」で学んでいることだろう。学術的な意見の一致がまるでないのが「宗教の定義」だといえる。

なぜこんなにも意見がバラバラなのだろうか。言い換えると、なぜ定義することがこんなにも難しいのだろうか。それは、宗教とは何かということについて理論的に答えようとする営みが本質的に問題を抱えているからである。つまりこの難しさにはしっかり理由があるのである。そこで、次にその理由について見てみることにしよう。

5　難しさの理由

難しさの理由は三つある。一つ目は、すでにお気付きかもしれないが、「宗教」というものが非常に多様であることに関わっている。人類の社会には、あらゆる時代・地域に「宗教」「宗教的」と呼ばれる諸現象が「事実」として見出される。たとえば「時代」について言うと、有史以前から存在し続けているので、もう消滅してその姿がほとんどわからなくなってしまっているものがある。約一〇万年前のネアンデルタール人は「屈葬」という特殊な埋葬方法を持っていたし、約四万年前のクロマニョン人は祈祷やマジナイに関係する絵画や像を残しているが、実態は推測の域を出ない。

「時間」だけでなく「場所」もそうである。現代だけを見ても、社会に密接に複雑に関係しながらどこにでも存在しているといえる。アマゾンの密林の中や砂漠の中もそうであるし、高層ビル群の中もそうである。「宗教」あるいは「宗教的」と呼ばれ得る諸現象はあらゆる時代あらゆる地域に見出され、その多様な諸現象自体がそれぞれに多様な要素を持っているから、宗教とは何かということを考察するために収集すべき事例はもはや無限の多さであって、網羅的に研究することは不可能であろう。

多様性という難しさはいわば量的な問題であるが、質的な問題もある。それは、宗教には理論的説明を拒否する面があるという点である。これが二つ目の理由である。宗教は奇妙さ、異常さ、神秘、奇跡などのような「合理的説明」「理論的把握」を拒むような性格を持つ場合が多い。

学問とは「理論的」であることを本質とするわけであるが、宗教はそういう態度とは相いれない性格を有している場合もあるから、学術的に扱うことが非常に困難なのである。初期キリスト教の重要人物であるテルトゥリアヌス（一六〇頃～二二二頃）の立場を表すものとして伝えられている「非合理ゆえ

ビルの上にある神社（撮影：社会人クラスの受講生である神尾亜樹さん）

にわれ信ずる（Credo quia absurdum est）」という言葉が宗教のそういった性格を端的に表現しているといえるだろう。

　三つ目の理由は以上の二つよりも本質的な難しさをはらんでいるといえるかもしれない。それは「宗教とは何か」を追究する「方法」にそもそも限界があるのではないか、という問題である。要するに、「宗教とは何か」ということを考えようとすれば、その限りで必ずおちいってしまう落とし穴があるのである。

　たとえば、「宗教とは何か」を考えようとするとき、いろいろな宗教に共通する要素を見つけ出してそれを「宗教の本質」として規定するという方法をとることになるだろう。しかしここには大きな問題が隠れている。考察対象であるいろいろな宗教を選び出すとき、私たちは無意識的に対象を取捨選択してしまっているからである。言い換えると、広汎な現象の網羅的研究が不可能である以上、頭の中では有限個の「宗教」（たとえば、イスラーム、ヒンドゥー教、キリスト教、仏教、ゾロアスター教など）にあらかじめ的がしぼられているはずである。

　しかし、その取捨選択を行うためには、まず初めに「宗教とは何か」ということを知っていなければなるまい。そうでないと、イスラームやヒンドゥー教を「宗教」としてピックアップすることすらそもそも不可能だからである。しかしちょっと待て。これから「宗教」を定義しようとしているのに、先に「宗教」についての理解をこっそり滑り込ませているではないか！

これは論点先取の誤りにほかならない。この点を突かれると、宗教とは何かという問いに答えることはもはやできないだろう。現状では、暫定的に定義をしておいて、新たな反省があればそれを修正する、というやり方で宗教について考察するしかないといえる。

6　いろいろな定義

そういうわけで、宗教研究の歴史上これまでいろいろな定義が提出されてきたわけではあるが、日本で広く用いられている『宗教学辞典』の中の「宗教」の項目に、「宗教の定義は宗教学者の数ほどある」と書かれているぐらいであるから、決定版の定義はないと考えるべきである。[*15] とはいえ、「宗教学者の数ほどある」という定義をいろいろ見てみると、やはり何かとわかることもあると思うので、すでに取り上げたものも含めて、ざっと紹介することにしよう。すべてを同列に並べるとわかりにくいと思うので、便宜的に四つに分類してある。伝統的に分類の仕方にもいろいろあるのだが、ここでは私なりの分類に従っている。これがわかりやすいと思うからである。

●信仰や感情など、人間の主観をポイントとする定義

①Ｅ・Ｂ・タイラー（一八三二〜一九一七）：霊的存在への信仰

②Ｒ・Ｒ・マレット（一八六六〜一九四三）：神秘的な力への情緒的な反応

＊15　小口・堀監修『宗教学辞典』東京大学出版会、一九七三年、二五六頁参照。

③F・E・D・シュライエルマッハー（一七六八〜一八三四）：ひたすらなる依存感情

●「聖」という概念をポイントとする定義

①R・オットー（一八六九〜一九三七）：聖なるものの体験

②E・デュルケーム（一八五八〜一九一七）：聖俗の分離に基づく信念と行事との連帯的体系

③P・バーガー（一九二九〜二〇一七）：それによって神聖なコスモスが確立する人間の事業

●「人間の究極的な問題の解決」をポイントとする定義

①P・ティリッヒ（一八八六〜一九六五）：我々に究極的に関わるもの

②R・N・ベラー（一九二七〜二〇一三）：人間が直面する究極的諸問題への応答

③岸本英夫（一九〇三〜一九六四）：人間の問題の究極的な解決に関わる営みを中心とした文化現象

●「宗教は病気だ」という理解をポイントとする定義

①S・フロイト（一八五六〜一九三九）：願望充足のための幻想

②K・マルクス（一八一八〜一八八三）：抑圧された生きものの嘆息、民衆

③Ｂ・ラッセル（一八七二～一九七〇）：恐怖から生まれた病気、あるいは人類のみじめさの根源
の阿片

これらの定義（の一部）は「ネム船長シリーズ」第二弾の『はじめての比較宗教学』の中で解説しているので、詳しくはそちらを見ていただくことにして、宗教学者が何を強調したいかによってずいぶん定義の内容が変わるということ自体は理解していただけるだろう。

私は前章の最後の方で「見方によっては非常に熱心な信仰心を持っているといえる」と書いたが、「見方によっては」ということが起こり得るのは、要するに宗教の定義が多様だからである。たとえば、「ひたすらなる依存感情」を強調するシュライエルマッハーからすれば、日本の自然宗教は宗教ではないということになりそうだし、「人間が直面する究極的諸問題への応答」として宗教を定義するベラーにとっても、日本の自然宗教は宗教ではないということになるだろう。

他方で、アニマティズムの概念を提唱したマレットの「神秘的な力への情緒的な反応」は、パワースポットに行って喜ぶ日本人にかなりあてはまりそうであるし、デュルケームの「聖俗の分離に基づく信念と行事との連帯的体系」の観点からすれば、お祭りやお正月やお盆といった行事を日常とは別の特別なものとして大事にする日本の伝統には、濃度の高い宗教的色合いを読み込むこと

ができるだろう。いろいろな「見方」があるわけである。[*16]

こういう事情がわかってくると、すでに宗教というものに対する見方がずっと柔軟になってきているはずである。つまり、宗教というものを客観的に、一定の距離をとって眺めることができるようになってきているのではないだろうか。

7　日本人はなぜ「無宗教」なのか①……どんどんやさしくなる宗教的実践

ここまでの議論を通して、日本人は自分では「無宗教」を標榜しながらも、客観的に見れば無自覚的に自然宗教を信仰しているといえることはすでに十分理解できているだろう。では、そもそもなぜ現状としてこのような宗教観（宗教に対する態度）を日本人は持つに至ったのだろうか。ここには一定の経緯（歴史）があると見ることができる。

この経緯の中で重要な役割を果たしているのはとくに仏教である。そこで、仏教が社会の前提としてすっかり支配的になっていた平安時代を出発点にし、時代を下りながら人々の宗教に対する態度を——非常に大雑把ではあるが——確認することにしよう。[*17]

さて、仏教が前提にする「生まれ変わり（＝輪廻《りんね》）」の死生観によると、命あるものは天、人間、修羅、畜生、餓鬼、地獄という六世界を生まれ変わり続

＊16　この手の議論はとても重要であるが、これはまさに拙著『はじめての比較宗教学』の主要テーマであり、相当詳しく論じてある。

＊17　ここからの議論は阿満利麿『日本人はなぜ無宗教なのか』ちくま新書、一九九六年によるところが大きい。

けるとされる。これを「六道輪廻《りくどう》」という。六世界には幸福度（悲惨さ）の点で順位があり、一番よい世界である「天」はいわば神々の住まう豊かな世界であるから、ここに生まれ変われたらそれでよしと思われるが、そうではない。この「天」における存在者にも人間界と同じく寿命があるので、寿命が終わりに近づくと、かくも快適な暮らしが終わってしまうのかと苦しみ、天の世界に対する大きな執着心が生じる可能性がある。仏教にとって執着心は悪の根源である。だから、悪に関わってしまった罰によって、次はもしかしたら地獄へ生まれるかもしれないわけである。それゆえ、輪廻の思想を持つ宗教では、この「生まれ変わり」の円環からそもそも脱してしまうことが究極的な目標として設定されることになる。

輪廻の世界観をリアルに生きていた昔の人たちは、出家して仏道に励んだり、呪術的な儀式によって「即身成仏（この世界におけるこの身のまま解脱する）」を目指したり、輪廻から脱することを切実に求めていた。大河ドラマを見ていると、権力者の多くが隠居したのちに出家する様子が描かれている場合が多いが、それは権力争いの過程でライバルを死に至らしめた自分の悪行をなんとかして償わねば地獄に落ちると恐れたからである。

とはいえ、出家や呪術的儀式を行えたのは貴族など一部のお金持ちであり、一般民衆は宗教的救済からは取り残されていた。そのような中、法然《ほうねん》（一一三三～一二一二）や親鸞《しんらん》（一一七三～一二六三）が登場する。

法然も親鸞も、「南無阿弥陀仏（＝阿弥陀仏に私のすべてを委ねます）」と唱えれば誰でも救われるのだというシンプルな教えを説いた。これなら必ずしも出家しなくてよいし、貧乏人でも「南無阿弥陀仏」と唱えることはできる。このような事情によって、法然の浄土宗と親鸞の浄土真宗は一気に広まっていくことになる。

ちなみに、『平家物語』の「敦盛の最期」の段で有名な熊谷次郎直実《くまがいじろうなおざね》は、敦盛を討ったのち法然に弟子入りしている。殺人を生業の一つとする武士は「宗教的善」からは程遠い「悪人」である。もはや自力では到底救われないと考えるところに、阿弥陀仏への帰依の契機がある。

ともかく、阿弥陀仏の慈悲によって死後の救済が保証されるという見通しが得られたことには非常に大きな意味があったといえるが、死後の救済が保証されると関心は現世に移っていくだろう。この頃、ひとつの極端な立場が現れる。今日ではその立場を天台本覚論《ほんがく》という。この立場は、命あるものはすべて「仏性《ぶっしょう》（仏になる可能性）」を持つという天台宗の立場を徹底させ、「命あるものはすべてすでに仏であるし、さらには命なきものもすでに仏である」と説く。人間やネコは生まれながらにして仏であるし、さらには、岩や水もそのままですでに仏であると考えるのである。これは究極の現世肯定主義といっていいだろう。

そうすると、出家して修行することも、日常の中で宗教心を育むことも一切不要であるという傾向が生じることになる。もともと仏である（＝悟っている＝救われている）からである。天台本覚論は決して宗教界のメインストリームではなかったが、俯瞰的に見ると、南無阿弥陀仏のわりとすぐ先にあるともいえるので、場合によっては大きな影響力を持つ立場になっていた可能性もあるといえるだろう。[*18]

さて、室町時代にもなると、中国由来の儒学が根を下ろし始める。[*19]「仁義礼智信」という人間関係の理想を日常生活の中で実践することが重視される。神仏がこの世に現れるのはこの理想を人々に実践させるためであるから、儒学の道徳的実践を行っていれば、直接的に神仏に帰依しなくても、神仏は我々を救ってくださるのだ、と儒学は考える。

このような思想が広まれば、神仏の影は薄くなるだろう。孔子は弟子に「死後の世界はどのようなものですか?」と問われて「いまだ生を知らず、死についてはなおさら知らない」と答えている。儒学ではこの現実世界で如何に善く生きるかということが目指されており、死後の救済への関心は極めて薄いといえるだろう。

*18　天台本覚論は宗教的堕落の一形態だと評することができるが、たとえば「真言亡国《しんごんぼうこく》、禅天魔《ぜんてんま》、念仏《ねんぶつ》無間《むけん》、律国賊《りっこくぞく》」と言って諸宗派を徹底的にこきおろした日蓮（一二二二～一二八二）にとっては、諸宗派はすでに堕落しているものに見えていた。

*19　本書で私は「儒教」と「儒学」をあまり意識せずに使い分けているが、この二つは同じものである。ただ、宗教的側面が強調される場合は「儒教」、道徳的・政治的側面が強調される場合は「儒学」であると理解しておけばよいだろう。

8　日本人はなぜ「無宗教」なのか②
……「葬式仏教」の誕生

この世を「無常＝憂き世」と捉え、「無常＝憂き世」に執着することに苦しみの原因があると見る仏教の考え方は、徐々に仏教から離れて独自に意味が反転され、「この世は無常であるのだからいっそ楽しんだ方がよい」という「浮き世」の考え方に変化していく。
桶狭間《おけはざま》の戦いの前に信長が舞ったとされる幸若舞《こうわかまい》の「敦盛」の中の有名な文言である「人間五十年　下天の内をくらぶれば　ゆめまぼろしのごくなり　ひとたび生をうけ、滅せぬもののあるべきか（人間界の五十年という期間は天界の最下層の世界である下天ではほんの一日にすぎない。生まれて死なないものはない）」は、本来は「それゆえ、この世に執着すべきでない」という仏教の厭世《えんせい》思想と結びついているが、信長は「それゆえ、この世を謳歌せねばならない」としてこの世における生を肯定する精神を持っていたのかもしれない。

ともかく、このようにして人々が現世を謳歌する「浮き世」を生きることになると、生活から篤信の宗教臭はほとんど消えてしまうだろう。とはいえ、「浮き世」を謳歌して死んでいった人が実際にあの世で幸福になれるのかどうかは、残された家族にとってはやはり心配である。そこで重要になってくるのが追善《ついぜん》供養《くよう》である。幸福な死後を送るために必要な善行の量の不足分を、生者が祈ることで補えるとする考え方がこの前提にある。こうして、宗教は故人中心の営みとしての色合いをより濃くしていくことになる。

この傾向を助長したのがいわゆる「葬式仏教」である。江戸時代になって整備された寺請檀家《てらうけだんか》制度によって、人々は必ずどこかの寺の管理下に置かれ、寺は葬儀や法要、証明書の発行などを行う幕府の末端組織となった。

葬儀は古くは村人だけで行われており、宗教者は介入しないものであった。開祖ゴータマも葬式は村人に任せておけと指示しているように、仏教は本来葬式には関心がなかったのであるが、江戸のこの制度によって寺が葬式の運営を担うようになったのである。ここに至って、「先祖祭祀の伝統」と「仏教の儀式」が結びつくことになる。

こうして、内容（先祖崇拝の伝統）と形式（仏教の儀式）がきれいに整ったと見ることができるだろう。「浮き世」を謳歌した人の死後の安心を「イエ」の残された人たちが願い、「無事に祖霊神になって我々をお守りください」という先祖祭祀は自然宗教であるが、これに各種の法要という「仏教の儀式」を衣として着せたのが要するに「葬式仏教」である。

「葬式仏教」はもはや自分の「悟り・救い」を関心の中心に置く本来の仏教ではまったくない。この仏教はいわば単なる儀式の営みであり、そこに篤い信仰心の発露が見られることは少ない。現在、どうしても仏教の形式で葬儀を行いたいという熱意で仏式の葬儀を営む人はそういないと思われる。しかし、葬儀は仏式で営まれる場合が多い。江戸の制度化がこの方式を強制したといえるわけであるが、しかし人々がこれに特別な違和感を持つことなく受け入れて現在にまで至っているのは、「葬式仏教」が仏教でありながらも決して内容的には「創唱宗教」でなく「日本古来の民間信仰＝無自覚的な自然宗教」だからである。

「葬式仏教」はもはや従来の仏教ではないにもかかわらず、そこにはたしかに「死後の世界」や「追善供養」という宗教的諸観念が結びついている。それは「葬式仏教」が「無自覚的な自然宗教」だからである。すでにこの段階で、「無宗教」の下地は十分に整っているといえる。信仰心はないのに（＝信仰心を持つという自覚なしに）、宗教的観念を前提した実践を行っているからである。

9　日本人はなぜ「無宗教」なのか③ ……宗教ではない自然宗教

明治になって開国した日本は、天皇を「現人神《あらひとがみ》」とする皇国史観をベースにした支配を行う道を進んでいく。しかし、神道の国教化は断念せざるをえなかった。欧米列強が求めた信教の自由の障害になることは明らかだったからである。

そこで、妙案が出されることになる。神道はキリスト教や仏教などのような宗教ではない。神道はもともとは先祖崇拝とそれに関する祭祀であり、日本国の「朝憲（朝廷の掟・国家の掟）」であって、「教憲（宗教）」ではない。とすると、神道は形式的には宗教ではないことになるが、しかし「国家の掟」という身分でもって、国民の支配原理であることが可能になる。信教の自由によってキリスト教布教を是認しても国民はみな神道に従わねばならない、という不思議な現象が生み出されたといえるだろう。

さて、先祖崇拝とそれに関する祭祀を内容とする神道的実践は、私の言葉では「無自覚的な自然宗教」に他ならない。しかし、明治政府はこの神道的実践を宗教ではないと規定した。逆に言うと、政府が宗教と見做したのは、「創唱宗教」だけであったということになる。この理解が典型的日本人の「無宗教」

と直結していることは明らかだろう。かくして、宗教といえば創唱宗教がイメージされ、自分はそういう宗教とは無関係であるという自己理解が定着していくことになったわけである。

以上、宗教とは何かという論点と、なぜ日本人は無宗教なのかという論点について、簡単に概観した。これで自分の宗教観がかなり相対化されたのではないだろうか。どういういきさつで自分がこのような宗教観を持っているのかがわかれば、自分を客観視できるようになるだろうし、自分が考えているものとは別種の多くの宗教観があることがわかれば、宗教的なものに接したときに、「信じるか拒絶するか」「よいかわるいか」の二択で対応するのではなく、まずはそれはどういうものなのかという事実を問題にして、価値中立的に対応することができるはずである。

前章の第四節の中で「世界には事実としていろいろな宗教がある。宗教には固有の世界観があり、この人生をどのように送れば来世で幸福になれるか、といった考えに基づいて日常生活を送る人も多い。神による救いを信じることが重要だという宗教もあれば、修行によって自分を鍛えることが救いへの近道であると考える宗教もある」と書いたあとで、「来世なんかあるの？」「神なんか存在するの？」といった拒絶的対応しかできない愚かさに言及したが、ここまで読み進めてきた読者はもう大丈夫だろう。

自分はともかく、「来世」や「神」の存在を信じる人が実際に存在するのだな、でおしまい。それ以上でもそれ以下でもない。それだけでいいのである。あるいは、「来世」といっても仏教の浄土とキリスト教の天国は同じといえるのか、とか、「神」といってもギリシア神話の神とイスラームの神はどう違うのか、とか、「修行」にはどういうものがあるか、断食も修行のうちに入るのか、なぜ断食するのか、とか、こういった価値中立的な接し方・問いかけ方が可能であって、これまでは宗教というものに対して、「信じるか拒絶するか」「よいかわるいか」の二つしか選択肢を持たなかったかもしれないが、そういう価値判断を下さずとも宗教というものに向き合うことができるということを改めて強調しておきたい。『聖書』の記述が「信じるか拒絶か」を迫る「うさんくさいもの」ではないものに見えてくるはずである。

10　次章へむけて

さて、これで準備完了。いよいよ本論に進むことにしよう。しかし、実は本書の主役であるイエスが登場するのはまだもう少し先である。イエスの言行をしっかり理解するためには、イエスの活動の舞台を準備した歴史的背景・社会的背景をあらかじめ知っておく必要があるからである。

イエスは或る時代の或る社会の中で活動していた一人の人間である。だから、当時の状況がわからないと、なぜイエスがあのようなことを言い、あのようなことを行なったのか、ということはいつまでもわからない。イエスの言葉を文脈から切り離して普遍的真理として設定し、そういう「お言葉」をありがたがるような態度は本書とはまるで関係がないということを最初に言っておく。

では、イエスの活動の舞台を準備した歴史的背景と社会的背景とは何か。それは要するに、ユダヤ人（＝イスラエル人）の苦難の歴史とユダヤ教の行き過ぎた戒律主義である。なぜユダヤ人やユダヤ教がここで唐突に出てくるのかと思った人は、この入門書がちょうどいいレベルである。キリスト教はユダヤ教から派生した宗教である。しかも、当初はユダヤ教の異端として弾圧されていたユダヤ教の一派だったのである。そういうわけなので、イエスも当然ユダヤ人だったし、ユダヤ教徒として活動し、ユダヤ教徒として死んでいった人である。このあたりの事情については、本書を読み進めていただくと十分おわかりになるはずである。

とにもかくにも、イエスを知るためにはキリスト教の母体であるユダヤ教についてまずは知らねばならない。これはイエスの言行の意義を理解するために絶対に必要な準備作業の意味を持っている。また準備作業か！　とお怒りになるかもしれないが、どうかご容赦いただいてこの準備作業に付き合ってほしい。ここをはしょったら、イエスのセリフはただの暴言か気味の悪い愛の説法に堕してしまうことになる。

ユダヤ教を知るためには、ユダヤ教の聖典を参照するのがよい。その聖典とは『旧約聖書』である。「旧約」という表現が「新旧」の対比を前提にしていることは説明しなくてもわかるだろうが、この対比はキリスト教独自のものであることはあまり知られていない。つまり、「新約」という概念を持つのはキリスト教のみであり、それゆえ『新約聖書』を聖典とするのもキリスト教のみである。本書を最後までお読みいただけば、ユダヤ教にとっては「新約」なる概念には何の意味もないことがおわかりになるだろう。

キリスト教にとって『聖書』は『旧約聖書』と『新約聖書』の両方であるが、ユダヤ教にとって『聖書』は『旧約聖書』だけである。しかし、今言ったように「旧約」「新約」という言葉使いはキリスト教独自のものなので、『旧約聖書』という言い方もキリスト教独自のものである。ユダヤ教にとって自分たちの『聖書』は『旧約聖書』ではなくただの『聖書』である。

『新約聖書』はギリシア語で書かれているが、『旧約聖書』の方はヘブライ語で書かれているから『ヘブライ語聖書』と呼ばれる場合もあるが、しかしもっといえば、『聖書』という概念を産み出したのもそもそもキリスト教であって、ユダヤ教にオリジナルがあるわけではないので、そう考えるとわざわざ『ヘブライ語聖書』と呼んで中立性を担保しようとしても『聖書』と言っている限りは中立ではないだろう。そういう次第で、本書では名称にはこだわらないことにする。この日本で一般に用いられるのは『旧約聖書』という言葉であるから、本書でもそうするのがよいだろう。理解しやすいと思われるからである。

ともかく、『旧約聖書』をひもとけば、ユダヤ人がどのような歴史をたどり、どのような宗教を形作ってきたかということがわかる。ここをまずはおさえることにしよう。キリスト教前史としてのユダヤ教が次のテーマである。

第3章 ダメな人間たち

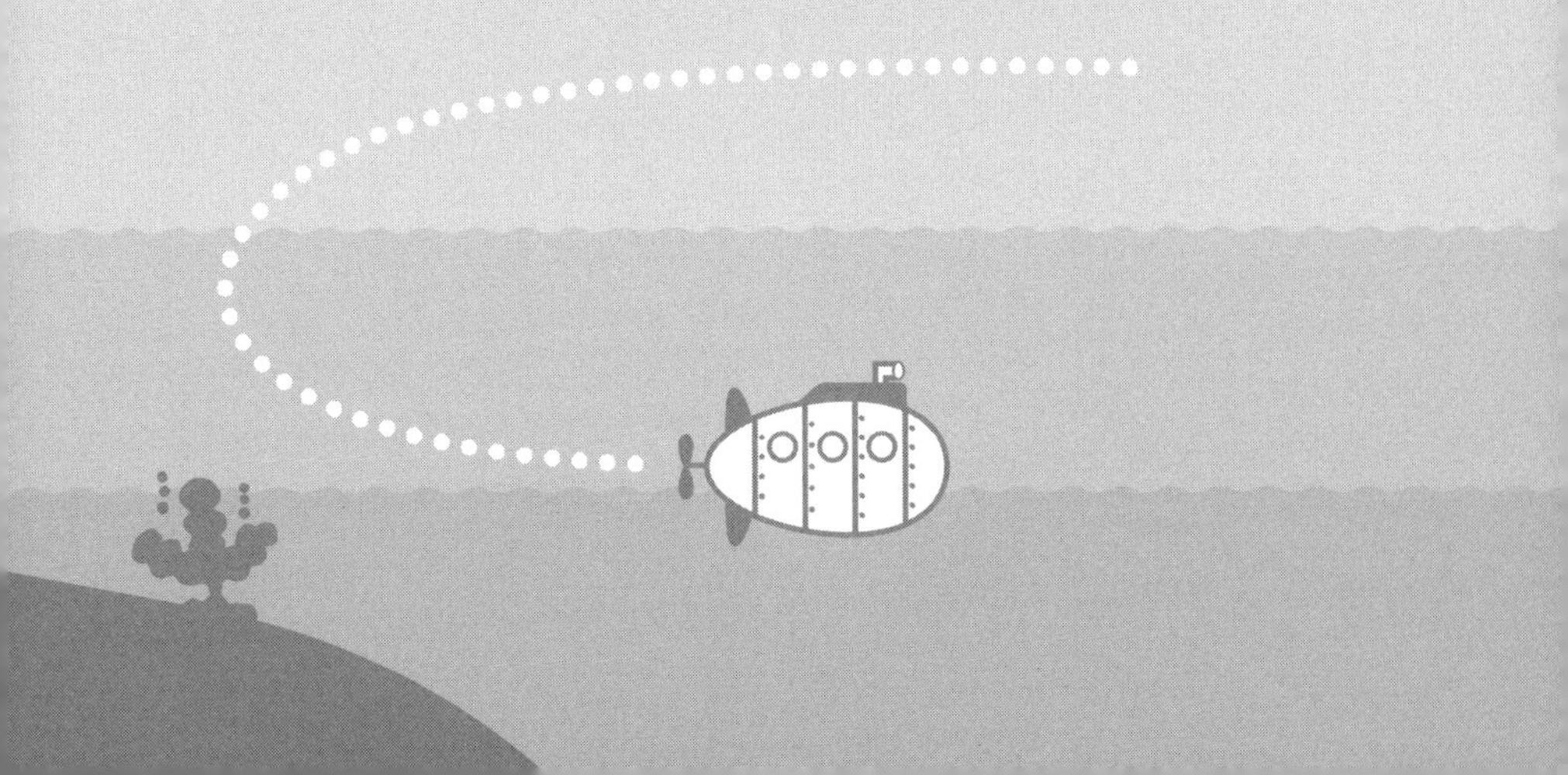

ネム船長の羅針盤

『旧約聖書』を読むと、人間が失態を犯して神に罰せられる話が繰り返し出てくる。なぜそういったテーマが語られるのだろうか。

「このようなことをしたお前はあらゆる家畜、あらゆる野の獣の中で呪われるものとなった」

……『創世記』

1 『創世記』の中の神話時代と歴史時代

『旧約聖書』を構成する全三九の文書の最初に置かれているのは『創世記』である。『創世記』の前半はいわば神話時代に起こった出来事とでもいうべき物語群から構成されていて、世界創造を出発点にしていくつかのまとまった物語が展開していく。『創世記』の後半は神話的な雰囲気がなくなって、おそらく歴史的に実際にこういうことがあったのだろうと見なすことができるような物語が並んでいる。つまり、前半は神話時代、後半は歴史時代、というふうに理解すればよい。

なお、本書の第一章でも述べたように、『聖書』に書かれていることはすべて歴史的に実際に起こった事実であると考える原理主義（根本主義）の立場からすれば、「神話時代」などというものは存在せずすべて「歴史時代」であるか、「神話時代」も「歴史時代」の一部（おそらくは最初期）であるということになるだろうという点を補足しておく。

　重要なことなので何度でも繰り返すが、私は『聖書』に対する原理主義的立場に共感はしないが、その立場そのものを別に否定するつもりはない。そういう立場があるということを知っていて、そして知っているだけで別にどうということはない、それだけの話である。私はビールとワインが非常に好きだが（あとラム酒とバーボンウイスキーとブランデーと米焼酎と芋焼酎と泡盛とマッコリとシードルも大好きだが）、甘めのものは苦手である。しかし、別に世の中から甘めのお酒を消し去りたいなどとは考えもしないのと同じである。世の中には甘めのお酒が好きな人がいるという事実を私は知っていて、その認識には「そういう事実を知っている」という以上のものも以下のものも含まれない。ただそれだけのことである。

　私が『聖書』に対してこういった客観的な態度を簡単にとり得るのは私がクリスチャンではないからかもしれないが、クリスチャンであろうがなかろうが、違う立場の考え方を違う立場の考え方として、あくまでそういうものとして認識することぐらい難しくはあるまい。共感はしないかもしれないが、認識することは可能なはずで、第一章・第二章と読み進めてきてくださった読者はすでにこういう客観的な態度をとることができるようになっているはずである。[*20]

*20　念を押しておくが、『聖書』に対して客観的な態度をとるという本書の立場も、ただのひとつの立場にすぎない。『聖書』につまずく人に対して、『聖書』への接し方にはこういうやり方もありますよ、と言っているだけである。ただし、つまずく人が大多数だから、私はこの読み方を強く推奨するのである。

『旧約聖書』の三九文書は以下の通りである。

創世記
出エジプト記
レビ記
民数記
申命記
ヨシュア記
士師記
ルツ記
サムエル記上
サムエル記下
列王記上
列王記下
歴代誌上
歴代誌下
エズラ記
ネヘミヤ記
エステル記
ヨブ記

詩編
箴言
コヘレトの言葉
雅歌
イザヤ書
エレミヤ書
哀歌
エゼキエル書
ダニエル書
ホセア書
ヨエル書
アモス書
オバデヤ書
ヨナ書
ミカ書
ナホム書
ハバクク書
ゼファニヤ書
ハガイ書
ゼカリヤ書

マラキ書

これらはいくつかの群に分類することができる。分類の仕方はユダヤ教とキリスト教では異なっているが、いまは私の手元にある『ユダヤ教小辞典』に紹介されている「モーセ五書」「預言者」「諸書」というカテゴリーを提示しておく。[*21]

①モーセ五書（五文書）：創世記、出エジプト記、レビ記、民数記、申命記
②預言者（二一文書）：ヨシュア記、士師記、サムエル記上、サムエル記下、列王記上、列王記下、イザヤ書、エレミヤ書、エゼキエル書、ホセア書、ヨエル書、アモス書、オバデヤ書、ヨナ書、ミカ書、ナホム書、ハバクク書、ゼファニヤ書、ハガイ書、ゼカリヤ書、マラキ書
③諸書（一三文書）：詩編、箴言、ヨブ記、雅歌、ルツ記、哀歌、コヘレトの言葉、エステル記、ダニエル書、エズラ記、ネヘミヤ記、歴代誌上、歴代誌下

伝統的にモーセが書いたと信じられてきたものが「モーセ五書」、いろいろな預言者が登場するのが「預言者」、それ以外の雑多な作品群が「諸書」である。

これらの文書群がいつ執筆されたのか、正確なことはわからないが、まとま

＊21　吉見崇一『ユダヤ教小辞典』リトン、一九九七年、二〇八頁。

りを持った個々の文書が成立し始めたのが紀元前五〜四世紀である。内容的にはもっと古い時代を扱うものもあるが、成立年代はずっとあとのことである。

文書群の中で個人的に一番おもしろいと思うのはやはり『創世記』なのであるが、まず何か読んでみようという人にオススメなのは「諸書」の中の『ルツ記』である。『創世記』が約一〇〇頁であるのに対し『ルツ記』はたったの八頁であり、内容的にもまったく難しくないので、(たいしておもしろくはないのだが)あっというまに読める。『ルツ記』についてはいずれまたとりあげることになるが、「ルツ」という名の未亡人の物語である。

2 『旧約聖書』の論調

さて、本章では『旧約聖書』の中身を紹介する作業をとおしてユダヤ教というものを知ることが目指されるが、『旧約聖書』の全体像を網羅的に紹介する余裕はないし、全三九の文書のうちのひとつである『創世記』に限っても、その中身を詳しく紹介する余裕はない。イエスの活動の背景としておさえておくべき点にしぼって紹介することにする。ではそれはどういう点かといえば、ひとことで言えば、『旧約聖書』をつらぬく大雑把な論調とでもいうものである。

神話時代にはまだユダヤ人は登場せず人間一般が描かれており、他方で歴史時代の「歴史」とはユダヤ人の歴史であって、主要な登場人物は基本的にみなユダヤ人である、という違いはあるのだが、神話時代にも歴史時代にも共通して大雑把な論調を読みとることができる。それは、登場する人たちの多くに対する「なんてダメなやつらなんだ」という論調である。もっとも、『旧約聖書』はユダヤ人が書いたものであるから、この論調の実質は「自分たちはなんてダメなんだ」ということである。自分たちはつい愚かな方向へ行ってしまい、最終的に神に罰せられてしまう。これではダメだ反省しよう、でもまたついつい愚かな方向へ行ってしまい…という論調が『旧約聖書』のいたる所に見られるのである。

たとえば、『創世記』の第六章には、神が語ったものとして次のような言葉が記されている。

わたしは人を創造したが、これを地上からぬぐい去ろう。〔…〕わたしはこれらを造ったことを後悔する。〔…〕すべて肉なるものを終わらせる時がわたしの前に来ている。彼らのゆえに不法が地に満ちている。見よ、わたしは地もろとも彼らを滅ぼす。

……『創世記』第六章七～一三節

「地もろとも彼らを滅ぼす」と言っているぐらいだから、神がだいぶ怒っていることは少なくとも読み取れるだろう。人間は悪いことばかりしていて、神に怒られて罰せられてしまう、というこの手の話が繰り返し出てくるのである。実は世界創造の直後からしてそうである。つまり、「なんと愚かな！」という論調が『旧約聖書』の冒頭からさっそく出てくるのである。それが「エデンの園」の物語である。

3　神による世界創造

有名なストーリーなので、引用しながら見てみよう。長い引用を読むのは退屈かもしれないが、『聖書』と呼ばれる書物に何が書かれているかをまったく知らない人も多いから、『旧約聖書』からも『新約聖書』からもなるべくたくさん引用するつもりである。

> 初めに、神は天地を創造された。地は混沌であって、闇が深淵の面《おもて》にあり、神の霊が水の面を動いていた。神は言われた。「光あれ。」こうして、光があった。神は光を見て、良しとされた。神は光と闇を分け、光を昼と呼び、闇を夜と呼ばれた。夕べがあり、朝があった。第一の日である。
>
> 神は言われた。「水の中に大空あれ。水と水を分けよ。」神は大空を造り、大空の下と大空の上に水を分けさせられた。そのようになった。神は大空を天と呼ばれた。夕べがあり、朝があった。第二の日である。
>
> ……『創世記』第一章一～八節

これが『創世記』の冒頭、つまり『旧約聖書』全体の一番はじめの部分である。神はこのあと三日目、四日目と世界を創り続け、六日目に完成させる。そして、一日休んだ、と書かれている。このあたりの詳細はよいとして、神が人間を創造するところを見てみよう。

主なる神が地と天を造られたとき、地上にはまだ野の木も、野の草も生《は》えていなかった。主なる神が地上に雨をお送りにならなかったからである。また土を耕す人もいなかった。

しかし、水が地下から湧き出て、土の面をすべて潤した。主なる神は、土（アダマ）の塵で人（アダム）を形づくり、その鼻に命の息を吹き入れられた。人はこうして生きる者となった。主なる神は、東の方のエデンに園を設け、自ら形づくった人をそこに置かれた。主なる神は、見るからに好ましく、食べるに良いものをもたらすあらゆる木を地に生えいでさせ、また園の中央には、命の木と善悪の知識の木を生えいでさせられた。

……『創世記』第二章四～九節

神は土で人間の形をまず作って、それに命を吹き込んだと書かれている。このようにして最初の人間であるアダムが『創世記』に登場することになる。アダムは食べ物が豊かに実るエデンの園で幸福に暮らしている。しかし、「園のすべての木から取って食べなさい。ただし、善悪の知識の木からは、決して食べてはならない。食べると必ず死んでしまう」（同第二章一六～一七節）と強く釘を刺されていた。

4　エデンの園からの追放

さて、神は人がひとりでいるのはよくないと思い、二人目を創造する。

「人が独りでいるのは良くない。彼に合う助ける者を造ろう。」〔…〕主なる神はそこで、人を深い眠りに落とされた。人が眠り込むと、あばら骨の一部を抜き取り、その跡を肉でふさがれた。そして、人から抜き取ったあばら骨で女を造り上げられた。

主なる神が彼女を人のところへ連れて来られると、人は言った。「ついに、これこそわたしの骨の骨、わたしの肉の肉。これをこそ、女（イシャー）と呼ぼう。まさに、男（イシュ）から取られたものだから。」

こういうわけで、男は父母を離れて女と結ばれ、二人は一体となる。人と妻は二人とも裸であったが、恥ずかしがりはしなかった。

……『創世記』第二章一八～二五節

この女性がイヴ（Eve：イブ、エヴァ、エバ、と書く場合もある。単なる表記の問題である）である。こういう次第で男女が世界に存在し始めることになったが、さっそく二人はダメな方向へと突き進んでいくことになる。

主なる神が造られた野の生き物のうちで、最も賢いのは蛇であった。蛇は女に言った。「園のどの木からも食べてはいけない、などと神は言われたのか。」女は蛇に答えた。「わたしたちは園の木の果実を食べてもよいのです。でも、園の中央に生えている木の果実だけは、食べてはいけない、触れてもいけない、死んではいけないから、と神様はおっしゃいました。」蛇は女に言った。「決して死ぬことはない。それを食べると、目が開け、神のように善悪を知るものとなることを神はご存じなのだ。」

女が見ると、その木はいかにもおいしそうで、目を引き付け、賢くなるように唆《そそのか》していた。女は実を取って食べ、一緒にいた男にも渡したので、彼も食べた。二人の目は開け、自分たちが裸であることを知り、二人はいちじくの葉をつづり合わせ、腰を覆うものとした。

……『創世記』第三章一～七節）。

蛇にそそのかされた二人は、食べてはいけないと神から言われていた「善悪の知識の木の実」を食べてしまったのである。すると「目が開け」て、裸であることを恥ずかしく感じるようになったのか、いちじくの葉っぱで服を作ったと書かれている。原理主義の立場からすれば、これが人類最初の服だということになる。

「目が開ける」とはどういうことなのか、それが「善悪」とどう関係しているのか、なぜ神は楽園にわざわざ狡猾な蛇を置いたのか、なぜいちじくの葉なのか、などなど、さっそく興味深い事柄にたくさん出会うので、『聖書』を読むのはそれだけでも面白いと思うが、こういう事柄に対する考察をいちいち行っていると本書は『広辞苑』のような分厚さになってしまうだろうからやめておく。

すでに述べたように私はキリスト教研究の専門家でも何でもなく、『聖書』に書かれてある事柄をすみからすみまですべて解説できるような知識は持ち合わせていないので、『聖書』の中には私にとってはよくわからない事柄も多い。そういうときに参考になるのが『略解』という本で、気になる情報が載っていて便利である。興味のある読者はいちど『新約聖書略解』『旧約聖書略解』というワードで調べてみるとよいだろう。*22

さてさて、神との約束を破ってしまった二人は神の怒りを買ってしまう。こんなことをしなければエデンの園で幸福に暮らしていけたのに、そこを追い出されてしまうのである。つまり、神はアダムとイヴに対して、「この愚か者め！」ときつく罰したわけである。


「このようなことをしたお前はあらゆる家畜、あらゆる野の獣の中で呪われるものとなった。お前は、生涯這いまわり、塵を食らう。お前と女、お前の子孫と女の子孫の間にわたしは敵意を置く。彼はお前の頭を砕き、お前は彼のかかとを砕く。」

神は女に向かって言われた。「お前のはらみの苦しみを大きなものにする。お前は、苦しんで子を産む。〔…〕」神はアダムに向かって言われた。

*22　現在のところ、「新共同訳聖書」に対応したものと、「口語訳聖書」に対応したものが刊行されている。

「〔…〕お前は、生涯食べ物を得ようと苦しむ。お前に対して土は茨とあざみを生えいでさせる。野の草を食べようとするお前に。お前は顔に汗を流してパンを得る。土に返るときまで。お前がそこから取られた土に。塵にすぎないお前は塵に返る。」

〔…〕「人は我々の一人のように、善悪を知る者となった。今は、手を伸ばして命の木からも取って食べ、永遠に生きる者となるおそれがある。」

主なる神は、彼をエデンの園から追い出し、彼に、自分がそこから取られた土を耕させることにされた。こうしてアダムを追放し、命の木に至る道を守るために、エデンの園の東にケルビムと、きらめく剣の炎を置かれた。

……『創世記』第三章一四〜二四節

イヴは出産の苦しみを、アダムは労働の苦しみを神に課せられ、その上でエデンの園を追い出される。「ケルビム」と「きらめく剣の炎」というのは、エデンの園の守衛のようなものである。アダムとイヴはもはや二度とエデンの園には戻れないまま生涯を終えることになる。

5　「カインとアベル」と「ノアの箱舟」

エデンの園を追放されたアダムとイヴであったが、イヴはカインとアベルという二人の男の子を産む。そして、この二人が次の物語の中心になる。アダムとイヴのときと同じように引用しながら紹介してもよいのだが、このペースでやっているとやはりまた本書が『広辞苑』化してしまいそうだし、さらにこのあとに続く二つの物語、つまり「ノアの箱舟」の物語と「バベルの塔」の物語にも触れたいので、ここからは重要なところだけ引用し、箇条書きで進めていく。

・兄カインは農夫、弟アベルは羊飼いになった。
・カインとアベルはそれぞれに神に供え物をしたが、神はアベルの方だけを気に入った。
・カインはアベルに腹を立てて野原に呼び出し、アベルを殺した。

これが人類最初の殺人ということになるのかもしれないが、それはまあよい。アベルを殺したカインは神の怒りを買う。そして、例によって「この愚か者め！」ときつく罰せられるのである。

主はカインに言われた。「お前の弟アベルは、どこにいるのか。」カインは答えた。「知りません。わたしは弟の番人でしょうか。」
主は言われた。「何ということをしたのか。お前の弟の血が土の中からわたしに向かって叫んでいる。今、お前は呪われる者となった。お前が流した弟の血を、口を開けて飲み込んだ土よりもなお、呪われる。土を耕しても、土はもはやお前のために作物を産み出すことはない。お前は地上をさまよい、さすらう者となる。」

……『創世記』第四章九〜一二節

　こうしてカインはアダムとイヴのもとから追放され、「さすらいの地」に住んだと書かれている。アダムとイヴの物語に続いて、さっそくまた神に罰せられるストーリーが展開されるわけであるが、この次の「ノアの箱舟」でも、さらにその次の「バベルの塔」でも、同じように人間たちが罰せられる内容が続くので、『創世記』の著者はよほど「人間というのはなんと愚かなんだ！」と言いたかったのだろう。

　この論調だけ確認できればいいので「ノアの箱舟」も「バベルの塔」も省略してしまっていいのだが、内容を知らない人もこのワード自体は耳にしたことがあるだろうし、せっかくなので紹介しておこう。

　カインとアベルの話の最後は、再びアダムとイブの話になり、二人の息子がいなくなったあと、新たにセトという男の子が生まれた話でしめくくられている。『創世記』はそのあと「アダムの系図」を紹介する内容になり、セト↓エノシュ↓ケナン↓マハラルエル↓イエレド↓エノク↓メトシェラ↓レメク↓ノアという流れを記している。セトの八世代下がノアである。「ノアの箱舟」の話は、もちろんこのノアの時代の話である。

・ノアの時代になると人間の数は大いに増えていたが、その多くが堕落しており、悪が地上にはびこっていた。
・しかし、ノアの家族（ノアとその妻、セム・ハム・ヤフェトという三人の息子とそのそれぞれの妻の計八名）だけは誠実に生きている。
・神はノアの家族だけを救うことに決め、大雨を降らせ世界を水没させる。
・事前に巨大な船を作るよう神から指示を受けていたノアたちは、その船にすべての動物のつがいとともにすでに乗り込んでいて助かり、その後漂流を続ける。
・四〇日間降り続いた雨はやみ、やがて大地が現れ、ノアたちは無事に漂着し新生活を始める。

本章第一節で紹介した次の神のセリフは、このノアの物語の中で語られるものである。再掲しておこう。

わたしは人を創造したが、これを地上からぬぐい去ろう。〔…〕わたしはこれらを造ったことを後悔する。〔…〕すべて肉なるものを終わらせる時がわたしの前に来ている。彼らのゆえに不法が地に満ちている。見よ、わたしは地もろとも彼らを滅ぼす。

……『創世記』第六章七～一三節

ノアの家族八人以外の人間をすべて滅ぼしてしまうのだから、神がいかに本気で怒っているかがわかろうというものである。アベルを殺したカインは神に「私の罪は重すぎて負いきれません」と告白しており、自分のしたことの重大さにおののいて強く反省したと見ることができるだろうが、神への畏怖の心や神の罰の恐ろしさをすぐに忘れてしまってまた悪事に走るのが人間というものなのだろう。「この愚か者め！」というわけである。

6 「バベルの塔」

その誠実さゆえに大洪水を生き延びることができたノアの家族たちであったが、しかし、やはりその子孫たちはまた地を不法で満たすことになる。次は「バベルの塔」である。

・ノアの子孫たちはどんどん増えていく。彼らはみな同じ言葉を話していた。
・人間たちはまた悪にそまり、どんな洪水が襲ってきても大丈夫な高い塔を作ろうとする。
・あきれた神は彼らの言葉をばらばらにし、混乱させ、この建設事業をやめさせた。
・話し合うことができなくなった彼らは、世界各地へと散らばって行った。

この物語は、世界にいろいろな言語が存在する理由を記した起源譚としても読める。大洪水によってノアの家族以外の人間がすべて死滅してしまったのだから、その後の世界に存在するのはノアの家系だけであって、世界で話される言葉はノアたちの言語のみであったはずである。バベルの塔の物語ではその設定が最初に語られて、その後神によって言語がばらばらにされ、それがいろいろな言語の起源になった、というわけである。

主は降《くだ》って来て、人の子らが建てた、塔のあるこの町を見て、言われた。「彼らは一つの民で、皆一つの言葉を話しているから、このようなことをし始めたのだ。これでは、彼らが何を企てても、妨げることはできない。我々は降って行って、直ちに彼らの言葉を混乱させ、互いの言葉が聞き分けられぬようにしてしまおう。」

主は彼らをそこから全地に散らされたので、彼らはこの町の建設をやめた。こういうわけで、この町の名はバベルと呼ばれた。主がそこで全地の言葉を混乱（バラル）させ、また、主がそこから彼らを全地に散らされたからである。

……『創世記』第一一章五〜九節

神は、このままだと人間は何をしでかすかわからないと憤り、またもや「この愚か者め！」と怒って言葉をばらばらにした。ノアのときのように滅ぼされなくてよかったが、言葉が通じなくなり、世界各地へと散っていったため、まとまりを失った人間はそれだけ弱い存在にさせられたと理解することができるだろう。

すこし脱線するが、前頁の引用や「エデンの園」の引用の最後の方に神が自分のことを「我々」と言っていることに気付いただろうか。ユダヤ教は典型的な一神教であるから、「我々」という自称はおかしいはずであるが、これは私の写し間違いではない。本章で紹介してきた『創世記』の神話時代のこれらの物語は、中東で広く共有されていた神話が元ネタであってユダヤ人のオリジナルではないとも言われており、「我々」という言葉にそれらの神話の前提になっている多神教の色合いを読み取ることもできるようである。『聖書』は「聖なる書」ではないということがこういうところからも理解できるだろう。

もっとも、こういう「我々」という言葉を「熟慮の複数」とか「尊厳の複数」といった概念で説明しようとする立場もある。神はたしかに唯一なのであるが、「熟慮」しているときは「私」ではなく「我々」と言うことがあるとか、高い身分にある者は自分のことを「我々」と言うことがあるとか、そういう解釈である。

『聖書』を「聖なる書」と見なす立場からすれば、『聖書』に多神教の名残が露骨に表れているなどという説は受け入れがたいであろうが、私からすればどちらでもよい。いろいろな説があって楽しいのでそれでよいと思う。

以上、「エデンの園」「カインとアベル」「ノアの箱舟」「バベルの塔」のストーリーを見てきた。いずれにも、神によって人間が「この愚か者め！」と叱られるという論調を読み取ることができただろう。この論調は、歴史時代になっても続いていく。そして、歴史時代のキャストは人間一般ではなくユダヤ人であるから、「この愚か者め！」と言われるのはユダヤ人であることになる。つまり、『旧約聖書』を書いたユダヤ人たちは、自分たちが神にしょっちゅう叱られていると考えていたと理解することができるのである。

『旧約聖書』の著者たちは、どのような経緯でそのような民族的自己認識を持つに至ったのだろうか。次章では、歴史的な事柄にも触れながら、ユダヤ人がなぜそのような自己理解をするようになったのかという事情を、言い換えると、こういう自己理解を基調とするユダヤ教がそういうものとして成立することになった事情を見ていくことにしよう。

第4章 ユダヤ教の成立

ネム船長の羅針盤

ユダヤ人は神との契約を破って罰せられ反省する。しかしまた契約を破って罰せられ反省する。これを何度も続けていくうちにとうとう国が滅びてしまったが、なんとか復興することができた。もうこれ以上罪をつくらず、契約をしっかり守ろう。神に与えられた戒律を守ることは民族繁栄のための義務なのだ。こうしてユダヤ教が成立する。

「主はソドムとゴモラの上に天から、主のもとから硫黄の火を降らせ、これらの町と低地一帯を、町の全住民、地の草木もろとも滅ぼした」

……『創世記』

1　激しく怒る神

はじめに、「この愚か者め！」の論調をいくつか確認していこう。これを見るだけでもユダヤ人たちがかなり手厳しく神に怒られていることがよくわかると思う。引用文中に出てくる「わたし」とは「神」のことである。

災いだ、わたしの怒りの鞭《むち》となるアッシリアは。彼はわたしの手にある憤りの杖だ。神を無視する国に向かってわたしはそれを遣わし、わたしの激怒をかった民に対して、それに命じる。「戦利品を取り、略奪品を取れ、野の土のように踏みにじれ」と。

……『イザヤ書』第一〇章五～六節

お前たちがわたしの言葉に聞き従わなかったので、見よ、わたしはわたしの僕《しもべ》バビロンの王ネブカドレツァルに命じて、北の諸民族を動員させ、彼らにこの地とその住民、および周囲の民を襲わせ、ことごとく滅ぼし尽くさせる、と主は言われる。そこは人の驚くところ、嘲《あざけ》るところ、とこしえの廃墟となる。

……『エレミヤ書』第二五章八～九節

わたしとの契約を破り、わたしの前で自ら結んだ契約の言葉を履行しない者を、彼らが契約に際して真っ二つに切り裂き、その間を通ったあの子牛のようにする。

……『エレミヤ書』第三四章一八節

あとでまた見るが、上から順に簡単に解説しておく。まず一つ目には神が「アッシリア」を遣わしてユダヤ人の国を踏みにじらせる、というようなことが書かれている。自分たちの神が自分たちを踏みにじるために強国アッシリアを遣わすという考え方はなかなか強烈である。実際の歴史の中でユダヤ人の国はアッシリアに滅ぼされてしまうのであるが、それは神の怒りを買った自分たちが神によって罰せられたということを意味するのだ、と自己理解するわけである。

二つ目もそうで、歴史的な事実としてユダヤ人の国は大国バビロニアのネブカドネザル王にも滅ぼされることになるが、そのことをユダヤ人たちは神による罰だと受け取るのである。自分たちを滅ぼした憎きネブカドネザル王は、自分たちが信仰する神の部下であるというこの理解もかなり強烈である。

ではなぜ神はユダヤ人たちを罰するのかというと、それは三つ目にはっきりと書かれている。「わたしとの契約を破った」からである。つまり、自分たちは神と交わした契約を破ったゆえにこうして罰せられるのだ。そうユダヤ人たちは考えたのである。神はユダヤ人たちに「この愚か者め！」と叱るが、いくら叱ってもまた契約を破るので、激しく怒っているのである。

2　アブラハムの登場

歴史時代は『創世記』の第一二章、「バベルの塔」のあとから始まると考えるのが一般的である。最初の重要人物はアブラハムである。『創世記』はアブラハムの孫の世代の話で終わり、次の文書『出エジプト記』が続く。『出エジプト記』の重要な登場人物は「海割り」のモーセである。彼らは神と契約を結び、ユダヤ人は神を信仰するし、神は神でユダヤ人の繁栄を保証する。これが契約内容である。まずはアブラハムから見ていこう。

アブラハムが実際の歴史の中に登場した正確な年代はわからない。紀元前二〇～一五世紀のようであるが、もっと時代は下るとする見方もある。エジプトのクフ王のピラミッドは紀元前二五〇〇年頃だそうなので、それよりは新しい出来事である。

『創世記』によると、アブラハムはもともとカルデアのウルという町にいたようであるが、父のテラ、妻のサラ、甥のロトとウルを離れてハランという町に暮らしていた。カルデアというのはのちにバビロニア王国を興す民族のいた土地であり、現代ではイラクのあたりである。ハランは現代でもその名前のまま残っている町で、トルコにある。

さて、アブラハムは神によるお告げを聞いて、カナンへ移動することを決意する。カナンというのは今のイスラエルのあたりである。

主はアブラム〔＝アブラハム〕に言われた。「あなたは生まれ故郷、父の家を離れてわたしが示す地に行きなさい。わたしはあなたを大いなる国民にし、あなたを祝福し、あなたの名を高める。祝福の源となるように。あなたを祝福する人をわたしは祝福し、あなたを呪う者をわたしは呪う。地上の氏族はすべてあなたによって祝福に入る。〔…〕」

……『創世記』第一二章一～三節

このような神の言葉を聞いたアブラハムは、妻と甥を連れてカナン地方へ向かったのだった。神はアブラハムに神に従って生きるように命令し、他方で子孫にパレスチナを与えると約束した。やや長いが引用しておこう。

アブラムが九十九歳になったとき、主はアブラムに現れて言われた。「わたしは全能の神である。あなたはわたしに従って歩み、全き者となりなさい。わたしは、あなたとの間にわたしの契約を立て、あなたをますます増やすであろう。」アブラムはひれ伏した。

神は更に、語りかけて言われた。「これがあなたと結ぶわたしの契約である。あなたは多くの国民の父となる。あなたは、もはやアブラムではなく、アブラハムと名乗りなさい。あなたを多くの国民の父とするからである。わたしは、あなたをますます繁栄させ、諸国民の父とする。

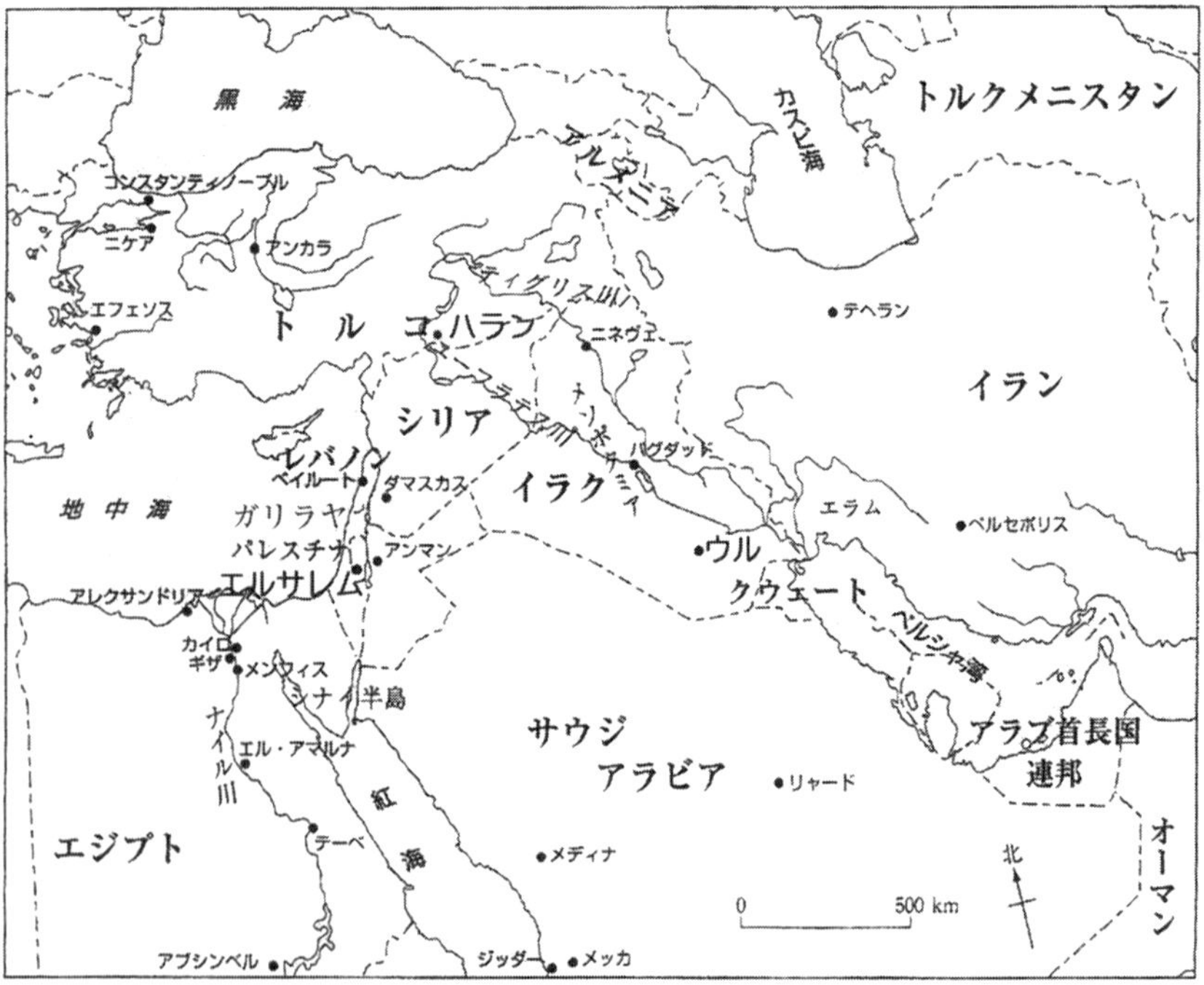

王となる者たちがあなたから出るであろう。

わたしは、あなたとの間に、また後に続く子孫との間に契約を立て、それを永遠の契約とする。そして、あなたとあなたの子孫の神となる。わたしは、あなたが滞在しているこのカナンのすべての土地を、あなたとその子孫に、永久の所有地として与える。わたしは彼らの神となる。」

神はまた、アブラハムに言われた。「だからあなたも、わたしの契約を守りなさい、あなたも後に続く子孫も。あなたたち、およびあなたの後に続く子孫と、わたしとの間で守るべき契約はこれである。すなわち、あなたたちの男子はすべて、割礼を受ける。包皮の部分を切り取りなさい。これが、わたしとあなたたちとの間の契約のしるしとなる。」

……『創世記』第一七章一〜一一節

とくにごちゃごちゃ解説するまでもないだろう。アブラハムは神と契約を結び、その契約を守って生きている限り子孫大繁栄は間違いなしと神に確約してもらったと書かれている。

神と契約を結んでいる外面的・物的証拠が「割礼」である。男性器の包皮の一部を切り取る「割礼」の風習はユダヤ人に限ったものではなく、中東やアフリカの国々にもあり、どのタイミングで行うかもばらばらであるが、ユダヤ人に限っては、『レビ記』第一二章三節に書かれている「生後八日目に行うべし」というきまりを今も守り続けている。

3　アブラハムの甥ロトと息子イサク

アブラハムには旅の途上で加わった仲間も大勢いた。大所帯になって手狭になったので、旅に同行していた甥のロトとその仲間はアブラハムとは途中で別れ、別の場所で生活を送っていた。ソドムという名前の町である。このソドムに加えてゴモラという町には悪がはびこっていた。さあ、悪がはびこるとどうなるか。神が罰せずにはおかないだろう。

ソドムとゴモラの罪は非常に重い、と訴える叫びが実に大きい。わたしは降《くだ》って行き、彼らの行跡が、果たして、わたしに届いた叫びのとおりかどうか見て確かめよう。
……『創世記』第一八章二〇～二一節

どれどれと思って見てみると町は悪に満ち溢れている。というわけで、神はこの二つの町を滅ぼすことにする。

主はソドムとゴモラの上に天から、主のもとから硫黄の火を降らせ、これらの町と低地一帯を、町の全住民、地の草木もろとも滅ぼした。
……『創世記』第一九章二四節

「硫黄の火」という表現は読者の想像をかきたてるらしい。歴史的に一番ありえそうなのは火山の噴火だが、この地域には火山がないらしく、石油か天然ガスに引火したとか、隕石が降ってきたとか、あげくには原子爆弾だとか宇宙人の襲来だとか、まあいろいろな説があるようだが、この物語の最大のポイントは『創世記』の著者がソゴムとゴモラは神によって罰せられたと考えているという点にある、ということさえ理解していればなんでもいいと思う。

真の原因が何かはさておき、ともかくソドムとゴモラという二つの町がまるごと燃えて廃墟になってしまったか、それに近い出来事があったのだろう。こういう悲惨な出来事に直面するとユダヤ人はどうするか。「こんなことになったのは神との約束をしっかり守らず、神に対して罪をつくり続けていたからだ、この愚か者め！」という例の論調によって説明しようとするわけである。

逆に、ノアの大洪水のときと同じく、この物語でも誠実な人は助かっている。ロトとその二人の娘である。詳細は省くが、ロトたちはぎりぎりのところで難を逃れて助かることになる。ユダヤ教が真面目に生きることをいかに重視する宗教であるか、こういう筋書きからもよくわかる。この点についてはまたあとで論じることになるだろう。

さて、甥っ子のロトがこういう試練を経験する一方、アブラハムはどうだったか。彼もまたかなりきびしい試練に直面する。アブラハムは息子イサクを神への捧げものとして供えよと神に命じられるのである。つまり、イサクを神のために殺せと神は命じたのである。

この命令は、イサクがアブラハムと妻のサラの間にようやくできた待望の第一子であるという点でいっそう苛烈なものとなる。もともとアブラハムには奴隷のハガルとの間にイシュマエルという男の子がいたのであるが、妻サラとの間にはずっと子どもができなかった。そんなとき、神はアブラハムとサラに子どもを授かることを約束するのである。そしてアバラハム一〇〇歳、サラ九〇歳のとき、待望の子どもが産まれた。その子がイサクである。

イサク誕生の数年後、神はアブラハムにイサクを供え物として神にささげるように命ずる。そして、アブラハムは神の命令に従い、イサクを殺そうとする。イサクもそれを受け入れて、儀式が執り行われる。いざナイフが刺さろうとする時、アブラハムの信仰心に感心した神は、代わりの供え物として一匹の山羊を送ってイサク奉献を免じ、アブラハムの子孫をたくさん増やすと約束した。この物語は以上のようなハッピーエンドで終わる。

神が命じられた場所に着くと、アブラハムはそこに祭壇を築き、薪《たきぎ》を並べ、息子イサクを縛って祭壇の薪の上に載せた。そしてアブラハムは、手を伸ばして刃物を取り、息子を屠《ほふ》ろうとした。

そのとき、天から主の御使いが、「アブラハム、アブラハム」と呼びかけた。彼が、「はい」と答えると、御使いは言った。「その子に手を下すな。何もしてはならない。あなたが神を畏れる者であることが、今、分かったからだ。あなたは、自分の独り子である息子すら、わたしにささげることを惜しまなかった。」

アブラハムは目を凝らして見回した。すると、後ろの木の茂みに一匹の雄羊が角をとられていた。アブラハムは行ってその雄羊を捕まえ、息子の代わりに焼き尽くす献げ物としてささげた。

〔…〕主の御使いは、再び天からアブラハムに呼びかけた。御使いは言った。「わたしは自らにかけて誓う、と主は言われる。あなたがこの事を行い、自分の独り子である息子すら惜しまなかったので、あなたを豊かに祝福し、あなたの子孫を天の星のように、海辺の砂のように増やそう。あなたの子孫は敵の城門を勝ち取る。地上の諸国民はすべて、あなたの子孫によって祝福を得る。あなたがわたしの声に聞き従ったからである。」

……『創世記』第二二章九～一八節

このアブラハムとイサクの物語を授業で話すと、案の定の反応が返ってくる。本書の読者は私が何を言いたいもうおわかりだろう。例のごとく、「信じるか拒絶するか」の二択にすぐ陥ってしまう偏狭さを指摘したいのである。だいたいの反応が「自分の子どもを殺せと命じる神なんて信用できない！」「だから宗教は怖い！」「九〇歳の女性が子どもを産めるはずがない！」といったものである。

中には「アブラハムの信仰心はすごい！」というのもあるが、もっと客観的に、ユダヤ人はこういう信仰心を理想としているのだな、とか、古代には生贄として人間を神に捧げる社会は多かったからユダヤ教もかつてはそうだったのかな、とか、そもそもイサクはサラが九〇歳で産んだ神の恵みであって、神の恵みは自分のものではないということをこの物語は伝えようとしているのかな、とか、こういう価値中立的な接し方はいくらでも可能であろう。こういう読み方に早く慣れて欲しいし、私はしつこいので、こういう箇所がでてきたらそのつどやいやい言うつもりである。＊23

4　モーセによる「出エジプト」

奉献されずに済んだイサクはその後双子の息子エサウとヤコブをもうけ、さらにヤコブは一二人の子どもをもうけた。『創世記』はこの一二人の子どもの話で終わる。次の『出エジプト記』の冒頭には、ヤコブの子と孫の計七〇人がエジプトにいて、その後エジプトで彼らの子孫の数がどんどん膨れ上がっていったと書かれている。勢力を増すユダヤ人を恐れたエジプト側が、ユダヤ人たちを奴隷的労働に従事させるようになったというところから『出エジプト記』は開始される。そして、この奴隷状態のユダヤ人たちを引き連れてエジプトを脱出する指導者が「海割り」のモーセである。

モーセが登場するこの頃（紀元前一三世紀頃だと考えられている）、エジプトはヒクソス族の支配下にあり、近縁であるユダヤ人たちの多くがエジプトに移住していたが、ヒクソス族の力が弱まるにつれてユダヤ人たちの立場も弱く

＊23　『聖書』に出てくるいろいろな奇跡について、現代の聖書学者クロッサンは「古代人の馬鹿げた話を賢い私たちが実話ではなく寓話と捉えてやるのではありません。うまい隠喩（あるいは譬え）の話し方を心得ているのが古代人で、それを事実と捉えてしまうくらい馬鹿なのが現代人なのです」と言っている。本書の読者なら、クロッサンに馬鹿呼ばわりされないだろう。クロッサンの言葉については、ジョン・ドミニク・クロッサン（飯郷友康訳）『イエス――史的イエスに関する疑問に答える』新教出版社、二〇一三年（原著は一九九六年）、八六頁。

なり、ついに奴隷となってしまっていたらしい。その数約一五〇万ほどだと推測されている。

モーセの出自や出世の話はドラマチックで面白いのだが、本書の『広辞苑』化を回避するためにそこは触れずにいく。こう書けば、興味のある人は自分で調べてくれるだろう。ここでは、モーセが神に召命され、エジプト脱出の使命を負う箇所をまず見てみよう。

「わたしはあなたの父の神である。アブラハムの神、イサクの神、ヤコブの神である。」モーセは、神を見ることを恐れて顔を覆った。

主は言われた。「わたしは、エジプトにいるわたしの民の苦しみをつぶさに見、追い使う者のゆえに叫ぶ彼らの叫び声を聞き、その痛みを知った。それゆえ、わたしは降って行き、エジプト人の手から彼らを救い出し、この国から、広々としたすばらしい土地、乳と蜜の流れる土地、カナン人、ヘト人、アモリ人、ペリジ人、ヒビ人、エブス人の住む所へ彼らを導き上る。見よ、イスラエルの人々の叫び声が、今、わたしのもとに届いた。また、エジプト人が彼らを圧迫する有様を見た。今、行きなさい。わたしはあなたをファラオのもとに遣わす。わが民イスラエルの人々をエジプトから連れ出すのだ。」

……『出エジプト記』第三章六〜一〇節

唐突に神が現れてユダヤ人（イスラエルの人々）をエジプトから連れ出せと命じられたモーセはうろたえて、そんな役割はごめんだと神に抵抗するが、最終的に神から授かった使命を理解する。*24 そして、奴隷たちを引き連れてエジプトを出る許しをエジプト王（＝ファラオ）に請い、ねばり強い交渉の結果、許可を得て大移動を開始する。

しかし急に心変わりしたエジプト王はモーセの一行を捕えるため出陣する。前には海、後ろにはエジプト軍、窮地に追いこまれたモーセたちは神の奇跡によってこの難局を逃れることになる。すでに見たシーンであるが、有名なのでもう少し長めに引用しよう。

主はモーセに言われた。「〔…〕イスラエルの人々に命じて出発させなさい。杖を高く上げ、手を海に向かって差し伸べて、海を二つに分けなさい。そうすれば、イスラエルの民は海の中の乾いた所を通ることができる。しかし、わたしはエジプト人の心をかたくなにするから、彼らはお前たちの後を追って来る。そのとき、わたしはファラオとその全軍、戦車と騎兵を破って栄光を現す。わたしがファラオとその戦車、騎兵を破って栄光を現すとき、エジプト人は、わたしが主であることを知るようになる。」

イスラエルの部隊に先立って進んでいた神の御使いは、移動して彼らの後ろを行き、彼らの前にあった雲の柱も移動して後ろに立ち、エジプトの陣とイスラエルの陣との間に入った。真っ黒な雲が立ちこめ、光が闇夜を

＊24　本書ではややこしいので「ユダヤ人」という呼称を一貫して用いているが、この呼称が一般的に用いられるようになったのは、本章七節で扱うバビロン捕囚以降である。もともとは「イスラエル人」という呼称が用いられていた。イサクの息子のヤコブが「神と戦うもの＝イスラエル」と名乗るように神から命じられたことがきっかけである（『創世記』第三二章二三～三三参照）。ヤコブとその子孫たちはその後エジプトの地で大いに増えていったので、彼らは「イスラエル人」と呼ばれるようになったのである。註三一も参照。

貫いた。両軍は、一晩中、互いに近づくことはなかった。

モーセが手を海に向かって差し伸べると、主は夜もすがら激しい東風をもって海を押し返されたので、海は乾いた地に変わり、水は分かれた。イスラエルの人々は海の中の乾いた所を進んで行き、水は彼らの右と左に壁のようになった。

エジプト軍は彼らを追い、ファラオの馬、戦車、騎兵がことごとく彼らに従って海の中に入って来た。朝の見張りのころ、主は火と雲の柱からエジプト軍を見下ろし、エジプト軍をかき乱された。戦車の車輪をはずし、進みにくくされた。エジプト人は言った。「イスラエルの前から退却しよう。主が彼らのためにエジプトと戦っておられる。」

主はモーセに言われた。「海に向かって手を差し伸べなさい。水がエジプト軍の上に、戦車、騎兵の上に流れ返るであろう。」モーセが手を海に向かって差し伸べると、夜が明ける前に海は元の場所へ流れ返った。エジプト軍は水の流れに逆らって逃げたが、主は彼らを海の中に投げ込まれた。水は元に戻り、戦車と騎兵、彼らの後を追って海に入ったファラオの全軍を覆い、一人も残らなかった。

イスラエルの人々は海の中の乾いた所を進んだが、そのとき、水は彼らの右と左に壁となった。主はこうして、その日、イスラエルをエジプト人の手から救われた。


……『出エジプト記』第一四章一五〜三〇節

5 「十戒」と金の牛

解説はもういいとして、『出エジプト記』といえばこの「海割り」であるが、このほかにあとひとつどうしても触れなければならない重大な一件がある。それは、エジプト脱出後のユダヤ人たちが神によって「十戒」を与えられる出来事である。

エジプトを脱出した彼らは三カ月後に「シナイの荒れ地」という場所にやってきた。ここには「シナイ山」という山がある。モーセは或るとき単身でこの「シナイ山」に四〇日間こもったことがあった。このときに神から「十戒」を授かったので、この出来事を「シナイ契約」と呼ぶことが慣例となっている。モーセがユダヤ人を代表して神と結んだ契約の内容は、ユダヤ人は「十戒」を守り、神はユダヤ人の繁栄を約束する、というものである。

イスラエルよ、あなたはよく聞いて、忠実に行いなさい。そうすれば、あなたは幸いを得、父祖の神、主が約束されたとおり、乳と蜜の流れる土地で大いに増える。

……『申命記』第六章三節

さて、「十戒」とは読んでその名のごとく「一〇箇条の戒律」のことである。

またあとで話すが、ユダヤ教といえば戒律遵守に本質を置く宗教であり、しかも守るべきとされる戒律がたくさんあって、その数は六一三だそうである。「十戒」はその中でもとくに重視されるものである。その意味で、「十戒」が与えられたということは、ユダヤ教の基本がここで固まったということである。一〇箇条を列挙しておく。*25

一、わたしの他に神があってはならない。
二、いかなる像も造ってはならない。
三、主の名をみだりに唱えてはならない。
四、安息日を心に留め、聖別せよ。
五、父母を敬え。
六、殺してはならない。
七、姦淫してはならない。
八、盗んではならない。
九、隣人に関して偽証してはならない。
一〇、隣人の財産を欲してはならない。

「十戒」についてはあとでまた多少つっこんだ解説をするので、今はこういう内容の戒律であることだけ理解していただければよい。実は、この「十戒」がらみでまた例の論調が出てくるので、ここではむしろそちらを紹介しよう。

*25 ここに掲げた十箇条は実はキリスト教のプロテスタントによる解釈に基づくものである。詳細は註二九参照。

右で触れたように、モーセが「十戒」を授かったのは四〇日の間「シナイ山」にこもっている最中であった。その間、山の下ではどうなっていたかというと、リーダーがなかなか帰ってこないのでみな不安になってしまったのである。

モーセが山からなかなか下りて来ないのを見て、民がアロンのもとに集まって来て、「さあ、我々に先立って進む神々を造ってください。エジプトの国から我々を導き上った人、あのモーセがどうなってしまったのか分からないからです」と言うと、アロンは彼らに言った。「あなたたちの妻、息子、娘らが着けている金の耳輪をはずし、わたしのところに持って来なさい。」民は全員、着けていた金の耳輪をはずし、アロンのところに持って来た。彼はそれを受け取ると、のみで型を作り、若い雄牛の鋳像を造った。すると彼らは、「イスラエルよ、これこそあなたをエジプトの国から導き上ったあなたの神々だ」と言った。

……『出エジプト記』第三二章一～四節

山の上で偶像崇拝の禁止と一神教の徹底がユダヤ人の契約内容として定まったまさにそのとき、山の下では偶像崇拝と多神教が再生しようとしていたのである。そして、その動きを主導したのは、なんとモーセの兄アロンであった。

さすがにこれには神も激昂した。またいつものように「この愚か者め！　滅ぼし尽くす！」と怒り心頭である。

主はモーセに仰せになった。「直ちに下山せよ。あなたがエジプトの国から導き上った民は堕落し、早くもわたしが命じた道からそれて、若い雄牛の鋳像を造り、それにひれ伏し、いけにえをささげて、『イスラエルよ、これこそあなたをエジプトの国から導き上った神々だ』と叫んでいる。」主は更に、モーセに言われた。「わたしはこの民を見てきたが、実にかたくなな民である。今は、わたしを引き止めるな。わたしの怒りは彼らに対して燃え上がっている。わたしは彼らを滅ぼし尽くし、あなたを大いなる民とする。」

……『出エジプト記』第三二章七～一〇節

とまあこのような具合いで神はモーセに怒りをぶつけるのだが、モーセはモーセで、まあまあ神様怒りを鎮めてください、ついさきほどあなたはわたしたちの子孫を繁栄させると約束してくださったではありませんか、となだめるのである。神をなんとか説得することができたモーセは、下山して多神教と偶像崇拝は絶対ダメだと金の雄牛像を粉々に破壊したとこの続きには記されている。

その後、モーセの一行は目指すカナンの地になかなか辿り着くことができず、四〇年間さまようことになる。（これも当然神による罰であるといえるが）距離的にはたいしたことはないのになぜ四〇年もかかったのかというと、カナンを留守にしていた間にそこに住み着いた人々がなかなかの強敵であり、入り込めなかったからである。奴隷労働に従事させられていたユダヤ人は軍事訓練を受けていないから当然である。

『出エジプト記』によるとユダヤ人がエジプトに住んでいた期間は四三〇年なので、それだけの期間故郷を留守にすれば別の人たちが住み着いていても仕方ないだろう。いずれにしても、エジプトを出て四〇年の放浪生活を送ったのちにカナンに再定住するに至ったが、しかしそれは他の民族との戦闘はさけられない状況のまっただなかに身を置くことを意味していた。

6　イスラエル王国

カナン地方に再定住したユダヤ人たちは一二の部族にわかれてばらばらに暮らしており、ゆるいつながりを保ちながらやっていた。周辺民族から攻撃をしかけられたときには、士師《しし》と呼ばれる指導者たちの指揮のもとでこれに対抗した。デボラ、ギデオン、サムソン、サムエルといった士師たちが活躍した時代のことである。このあたりのことは『旧約聖書』の中の『士師記』や『サムエル記』に書かれている。

この時代の描写の中にも「この愚か者め！」の論調が何度も出てくる。つまり、神との契約を守らないので神がユダヤ人を罰し、他の民族に服従させられるというようなことが計七回も繰り返されるのである。もっとも、そのたびに神は士師を選んでユダヤ人を善い方向へ導いてきたので、エジプト奴隷時代やシナイ半島放浪時代にくらべて比較的平和な日々を送ることができていたといえる。

しかし、やはり周辺民族の脅威は無視できないし、とりわけ勢力を伸ばしてきたペリシテ人に対抗するために、[*26]統一的な体制を整えようということになった。ユダヤ人全体に対する中心的な指導者であった士師サムエルは、ベニヤミン族のサウルを初代の王として選び、イスラエル王国が誕生した。紀元前一〇二〇年のことである。

初代サウル、二代目ダヴィデ、三代目ソロモンと続き、ソロモン王の死後、王国は分裂する。ダヴィデやソロモンの名前は聞いたことがあるだろう。とくにダヴィデはルネサンス期にミケランジェロ（一四七五～一五六四年）が作成した大理石の彫像で有名である。ダヴィデにもソロモンにもいろいろ紹介したくなるネタがあるのだが、先を急ぎたいのでここではサウル王がどういう経緯で王位についたか、という点を確認しておきたい。[*27]というのも、ここにもまた例の論調が顔を出してくるからである。

『サムエル記』の中に、ユダヤ人たちが王を求めるシーンが次のように描かれている。神によって「滅ぼし尽くす！」とまでは今回は言われていないが、神がうんざりしているような様子を読み取ることができる。

　サムエルは年老い、イスラエルのために裁きを行う者として息子たちを任命した。長男の名はヨエル、次男の名はアビヤといい、この二人はベエル・シェバ（※地名）で裁きを行った。しかし、この息子たちは父の道を

＊26　「ペリシテ」は「パレスチナ」の語源である。

＊27　サウル、ダヴィデ、ソロモンについて知るには、まずは里中満智子の漫画（『マンガ　旧約聖書』全三巻、中公文庫、二〇一四年）ガオススメである。イスラエル王国がらみの話は第三巻にある。この漫画については本書巻末の読書ガイドでも改めて紹介する。

ダヴィデ像

歩まず、不正な利益を求め、賄賂を取って裁きを曲げた。イスラエルの長老は全員集まり、ラマ（※地名）のサムエルのもとに来て、彼に申し入れた。「あなたは既に年を取られ、息子たちはあなたの道を歩んでいません。今こそ、ほかのすべての国々のように、我々のために裁きを行う王を立ててください。」

裁きを行う王を与えよとの彼らの言い分は、サムエルの目には悪と映った。そこでサムエルは主に祈った。主はサムエルに言われた。「民があなたに言うままに、彼らの声に従うがよい。彼らが退けたのはあなたではない。彼らの上にわたしが王として君臨することを退けているのだ。彼らをエジプトから導き上った日から今日に至るまで、彼らのすることといえば、わたしを捨てて他の神々に仕えることだった。あなたに対しても同じことをしているのだ。」

……『サムエル記上』第八章一～八節

サムエルの息子たちは残念ながら悪に染まってしまっており、これではダメだということで王を立てようということになるわけであるが、サムエルはこの方針に反対する。

サムエルの反対意志はもちろん神の反対意志であるから、ユダヤ人たちはまたもや神の意向に背いているということになる。「彼ら（ユダヤ人）の上にわたし（＝神）が王として君臨することを退けているのだ」とか「彼らをエジプトから導き上った日から今日に至るまで、彼らのすることといえば、わたしを捨てて他の神々に仕えることだった」とか、神はけっこうな恨み節を吐いている。最終的に神が「今は彼ら（ユダヤ人）の声に従いなさい」（第九節）と言うので、サムエルはしぶしぶ世俗の王を立てることを認めたのであるが、王国の建設そのものが神（とサムエル）にとって不本意だったという点があとあとユダヤ人の命取りになる。本章の冒頭で紹介した神の怒りの言葉へとつながっていくことになるからである。

さて、王国は二代目ダヴィデ王のときに全盛期を迎え、優れた知恵で有名な三代目ソロモン王の時代には首都エルサレムに神殿も建設されて大いに繁栄したが、神殿を建設するため民に課された重税や、部族間の権力争いなどが原因で、王国の統一を継続することが不可能になり、ソロモン王の死後、王国は南のユダ王国と北のイスラエル王国に分裂した（紀元前九三二年）。

その後、まずは北のイスラエル王国がアッシリアに滅ぼされる（紀元前七二二年）。アッシリアは征服地の住人を追い出して、代わりに他の征服地の住民を住まわせる方針をとっていたので、北イスラエル王国の住民は追い出されてメソポタミアの北方へ移り、他方で北イスラエル王国の土地にはシリアとバビロニアから異民族が入植し、いずれにおいても民族の混淆が起こることになった。*28 王国を構成していた「一〇部族」の追放として知られる出来事である。なぜこういう苦難が訪れるのか。それは契約違反を犯したからだ。これがユダヤ人たちの自己理解である。本章冒頭の一節を再掲しよう。

＊28　このあたりの事情については、レイモンド・P・シェインドリン（入江規夫訳）『ユダヤ人の歴史』河出書房、二〇一二年、四四～四五頁を参照。

災いだ、わたしの怒りの鞭《むち》となるアッシリアは。彼はわたしの手にある憤りの杖だ。神を無視する国に向かってわたしはそれを遣わし、わたしの激怒をかった民に対して、それに命じる。「戦利品を取り、略奪品を取れ、野の土のように踏みにじれ」と。

……『イザヤ書』第一〇章五～六節

「踏みにじられた」北イスラエルであったが、その地に残留した人たちもいた。彼らは入植の異民族と混血していくことになり、それにともなって彼らの宗教も異民族の影響を受けて変化していくことになった。「純粋なユダヤ人」である一〇部族は歴史から消えたが、このとき生まれた混血民族であるサマリア人は現在も少ないながら健在である。サマリア人についてはいずれまたとりあげることになるだろう。

他方で、南のユダ王国（ユダ族とベニヤミン族から構成）はアッシリアに従いつつ生き延びていたが、やはりアッシリアの影響を受けて、エルサレムの神殿に異教の様式を取り入れようとした王がいたし、住民は別の神バアルを信仰し始めたりしていた。「わたしの他に神があってはならない」という「十戒」の第一戒を守れていないことは明らかである。さて、こうなってくるといよいよ神は怒り心頭である。ユダヤ人たちを罰せずにはおかないだろう。

7　バビロン捕囚

南ユダ王国はアッシリアを倒したバビロニアに攻め込まれ、エルサレムが陥落する。紀元前五九七年である。このときバビロニアは南ユダ王国の国王エホヤキン、政治家、軍人、技術者など一万人を首都バビロンに連行した。アッシリアとの抗争で荒廃した国を復興させるためにユダヤ人の力を借りようとしたのである。これがバビロン捕囚であるが、バビロン捕囚はこのあともう一回起こるので、最初の方を第一次バビロン捕囚という。

その後も南ユダ王国はバビロニア帝国の傀儡政権として生き延びていたが、やがて帝国に対して反乱を起こして完敗する。首都は壊滅し、立派な神殿も徹底的に破壊され、最後の国王ゼデキヤ（エホヤキンの前の国王エホヤキムの叔父）は両目をえぐりとられ、住民の大半と共にバビロンへ連れ去られてしまった。こうして第二次バビロン捕囚とともに国は滅亡することになった。紀元前五八六年の出来事であるこちらのバビロン捕囚が高校世界史で習うバビロン捕囚である。やはり本章冒頭の一節を再掲しておこう。

お前たちがわたしの言葉に聞き従わなかったので、見よ、わたしはわたしの僕《しもべ》バビロンの王ネブカドレツァルに命じて、北の諸民族を動員させ、彼らにこの地とその住民、および周囲の民を襲わせ、ことごとく滅ぼし尽くさせる、と主は言われる。そこは人の驚くところ、嘲るところ、とこしえの廃墟となる。

……『エレミヤ書』第二五章八〜九節

ユダヤ人たちは神との約束を守らず、他の神を崇拝したり非道徳的な生き方をしたりするので、その度に「話が違う」と言って神は彼らを罰してきたが、いよいよ南北両王国までも滅んでしまった。

バビロン捕囚期のユダヤ人たちは反省する。自分たちにこういう苦難が強いられるのは、自分たちの不真面目さのゆえである。次こそはしっかり神との契約を守ろう。神はきっとまた自分たちを守ってくださるはずだ。だから捕囚の身であっても、自分たちの神への信仰心を失わずに真面目に生きていこう。

この前向きな信念を導き出すロジックは単純といえば単純である。自分たちが苦しむのは戒律を守らなかったからであるということがたしかであればあるほど、その逆、つまり戒律を守れば幸福になるということもますますたしかになるからである。ユダヤ教の教会であるシナゴーグが最初に作られたのはこの捕囚期のことらしいが、そういったことにもユダヤ人の不屈の精神というか、前向きなメンタリティーを読み取ることができるだろう。

このようなわけで、ユダヤ人たちは「神に従って真面目に生きること」を自分たちの義務とする意識をはっきりと打ち出すことになる。つまり、「律法（神による命令・規則・戒律）遵守」ということが最も重要だという理解が明確化されたのである。従って、ユダヤ教を規定する本質的な特徴は「律法遵守」であるということになるだろう。

すぐあとでまた話すが、バビロン捕囚は約五〇年を経たのち、ペルシアがバビロニアを滅ぼしたことによって終わる。ユダヤ人たちは帰還を許されるが、王国の故地はペルシアの支配化に置かれることになる。そういう状況下で神殿を再建する話を記す『ネヘミヤ記』には、これまでの反省と律法遵守の精神が強く語られているので、多少長いが見ておこう。モーセによる出エジプト以降、神はユダヤ人たちを守ってきたという話を受けて、次のように書かれている。


しかし、彼ら［＝私たちの先祖］はあなた［＝神］に背き、反逆し、あなたの律法を捨てて顧みず、回心を説くあなたの預言者たちを殺し、背信の大罪を犯した。

あなたは彼らを敵の手に渡し、彼らを苦しめられた。彼らが苦難の中から叫び声をあげると、あなたは天にあってそれを聞き、豊かな憐れみをもって、次々と救い手を送り、苦しめる者の手から救い出してくださった。

しかし、平穏になると彼らは再び御前に悪を行ったので、あなたは彼らを敵の手に任せ、その支配下に落とされた。彼らが再び叫び声をあげると、あなたは天にあってそれを聞き、豊かな憐れみをもって彼らを救い出された。

律法に立ち帰るようにとあなたは彼らに勧められたが、彼らは傲慢になり、御命令に耳を貸さず、あなたの法に背いた。これを守って命を得るはずであったが、彼らは背を向け、かたくなになり、聞き従おうとしなかった。

長い年月、あなたは忍耐し、あなたの霊を送り、預言者によって勧められたが、彼らは耳を貸さなかったので、諸国の民の手に彼らを渡された。

しかし、まことに憐れみ深いあなたは、彼らを滅ぼし尽くそうとはなさらず、見捨てようとはなさらなかった。まことにあなたは恵みに満ち、憐れみ深い神。

今この時、わたしたちの神よ、偉大にして力強く畏るべき神よ、忠実に契約を守られる神よ、アッシリアの王の時代から今日に至るまでわたしたちが被った苦難のすべてを、王も高官も祭司も預言者もわたしたちの先祖も、あなたの民の皆が被ったその苦難のすべてを、取るに足らないことと見なさないでください。このすべては起こるべくして起こったのです。

あなたは正しく行動されました。あなたは忠実に行動されました。しかし、わたしたちはあなたに背いてしまいました。

〔…〕この土地の豊かな産物も、あなたがわたしたちの罪のためにお立てになった諸国の王のものとなり、わたしたち自身も、家畜もこの支配者たちの意のままにあしらわれているのです。わたしたちは大いなる苦境の中にあるのです。

これらすべてを顧みて、わたしたちはここに誓約して、書き留め、わたしたちの高官、レビ人《びと》、祭司の捺印を添える。捺印した者は、ハカルヤの子で総督のネヘミヤ、それにツィドキヤ〔…〕、レビ人では、アザンヤの子イエシュア〔…〕、民の頭では、パルオシュ〔…〕。

そのほかの民、祭司、レビ人、門衛、詠唱者、神殿の使用人、この地の民〔＝異邦人〕と関係を断って神の律法のもとに集まったすべての者も、妻、息子、娘、また理解できる年齢に達したすべての者と共に、そのまことに貴い兄弟たちに協力するものであり、神の僕《しもべ》モーセによって授けられた神の律法に従って歩み、わたしたちの主、主の戒めと法と掟をすべて守り、実行することを誓い、確約するものである。

……『ネヘミヤ書』第九章二六～三七節、十章一～三〇章

契約違反⬇神による罰⬇反省⬇また契約違反⬇また神による罰、というこの反復を何度も経て大いに反省したユダヤ人は、今後はほんとうにきっちり律法を守りますと誓約した。この文章の続きには細かい戒律が具体的に書かれており、逐一それらを守りますと記されている。

8　ユダヤ人のその後の歴史

イエスを本書に登場させる準備がだいぶ整ってきた。あともう一息である。イエスの活動について理解するためには、ユダヤ人の苦難の歴史とユダヤ教の行き過ぎた戒律主義について理解しなければならないという方針で私は第三章

と第四章を展開してきた。最後に、苦難の歴史のその後と、戒律主義について確認しておくことにする。

まずは、ここまで紹介してきた歴史とその後の歴史について、年表に整理しながら見ておこう。

ＢＣ二〇世紀？　アブラハムがカナン（パレスチナ）へ　↓　定住
ＢＣ一五世紀？　一部エジプトへ移住　↓　奴隷化
ＢＣ一三世紀？　モーセによる「出エジプト」↓「シナイ契約」↓　再びカナンへ定住、ペリシテ人との闘い
ＢＣ一〇二〇年　サウルがイスラエル王になる
ＢＣ一〇〇〇年　ダヴィデが二代目の王になる
ＢＣ九七一年　ソロモンが第三代の王になる　↓　神殿の建立
ＢＣ九三二年　王国分裂
ＢＣ七七二年　北イスラエル王国滅亡（by アッシリア）
ＢＣ五九七年　第一次バビロン捕囚
ＢＣ五八六年　南ユダ王国滅亡（by バビロニア）第二次バビロン捕囚、神殿の破壊

バビロン捕囚期は、新興の大国ペルシアがバビロニアを滅ぼしたことをもって終わる。ペルシアのキュロス王はユダヤ人の帰還を許可したので、久々にカ

ナンの土地へ帰ることができたが、それは彼らがペルシアの支配下に入ることを意味していた。

その後もひたすらどこかの国の支配下に置かれる状況が続く。ペルシアの次はペルシアを倒したギリシアのアレキサンダー大王の帝国である。大王死後は、分裂した帝国の一つであるプトレマイオス朝エジプトの支配を受け、その次は同じく分裂帝国の一つであるセレウコス朝シリアの支配を受けた。

シリアの支配をはねのけて一時的に独立を回復した時代もあったが、すぐに世界史上最も強大な勢力の一つがやってきて、あっというまに支配下に置かれてしまうことになる。ローマ帝国である。

ＢＣ五三八年　バビロニアを滅ぼした新興国ペルシアのキュロス王によって捕囚から解放　↓　ペルシアによる支配の中、神殿再建（この神殿を第二神殿という）

ＢＣ三三三年　ペルシアのダレイオス三世を倒したアレキサンダー大王の帝国による支配

ＢＣ三〇三年　大王死後分裂した帝国の一つであるプトレマイオス朝エジプトによる支配

ＢＣ一九八年　セレウコス朝シリアよる支配

ＢＣ一四二年　ハスモン朝イスラエル王国建国（独立の回復）

ＢＣ六三年　ローマによる支配

圧政を敷いたローマ支配化でユダヤ人たちは苦しんでいた。イエスが生まれたのはそのような時代である。イエスのことはあとでたっぷり話すので今はおくとして、イエスの死後、ローマの圧政に耐えかねたユダヤ人はローマに対して反乱を起こすが、大帝国にかなうはずもなく大敗し、第二神殿も破壊されてしまった。ローマ側の報告ではユダヤ人の死者は六〇万人、ユダヤ側の報告では一〇〇万だった。これを第一次ユダヤ戦争という。

「第一次」というからには「第二次」がある。第一次ユダヤ戦争の後もユダヤ人は散発的にローマに抵抗し続けていたが、一三二年から四年続いた大反乱が第二次ユダヤ戦争である。この戦争で徹底的にやられてしまったユダヤ人は、カナンの土地を追放されるか、奴隷として売り飛ばされてしまうことになった。さらには、この地域の名称が「ローマ属州ユダヤ」から「ローマ属州パレスチナ」へ変更になり、ユダヤ人は名実ともに故郷を失って流浪の民となり、各地へ離散することになった。

ＡＤ六六年　ローマの圧政に対する反乱（第一次ユダヤ戦争勃発）
ＡＤ七〇年　ローマ軍によるエルサレム占領、第二神殿破壊。
ＡＤ七三年　ユダヤ側陣営全員自決（第一次ユダヤ戦争の終結）
ＡＤ一三二年　第二次ユダヤ戦争
ＡＤ一三五年　反乱の指導者バルコクバ戦死で戦争終結
・五二万人が戦死・虐殺

・生き残ったユダヤ人は国外追放、あるいは奴隷として売り飛ばされる
・ローマ属州ユダヤからローマ属州パレスチナへ改名
↓
祖国を失ったユダヤ人は離散・流浪

その後もユダヤ人の苦難は続くのであるが、本書ではこれぐらいで切り上げておくことにする。イエスの時代が被支配の歴史を幾重にも経た上でのローマ圧政下であったということさえつかんでおけばよいだろう。

9　ユダヤ教の律法主義（戒律主義）

苦難の歴史を歩むユダヤ人は、ローマの圧政下でいよいよ「終末」の接近を感じるとともに、救世主を求める機運が高まっていた。「終末」というのは、神が「救世主」を遣わして「神の国」をこの地上に建設するとユダヤ人によって考えられていた「歴史の終わり＝新時代の始まり」のことである。

自分たちの悲惨な状況はやがて一新され、憎きローマは滅び、自分たちの輝かしい繁栄の時代が到来する。だからそのときに備えて、真面目に生きて徳を積み、「神の国」に入る準備をしなければならない、という考え方がとくに強調されることになる。律法に従う生き方をいよいよ徹底せねばならない。さもなければ、ローマとともに滅びる側の人間になることになってしまうだろう。また神に「この愚か者め！」と罰せられてしまうだろう。

では、律法に従う真面目な生き方とはどのようなものだろうか。それは具体的には『旧約聖書』の冒頭の五つの書、つまり『創世記』『出エジプト記』『レビ記』『民数記』『申命記』に従う生き方である。この五つの書の中にはいろいろな戒律が記されており、その数は六一三であるとされている。

中でも重視されるのが、すでに一度取り上げた「十戒」である。やや長いが、全文を引用しておこう。

神はこれらすべての言葉を告げられた。「わたしは主、あなたの神、あなたをエジプトの国、奴隷の家から導き出した神である。

あなたには、わたしをおいてほかに神があってはならない。

あなたはいかなる像も造ってはならない。上は天にあり、下は地にあり、また地の下の水の中にある、いかなるものの形も造ってはならない。あなたはそれらに向かってひれ伏したり、それらに仕えたりしてはならない。わたしは主、あなたの神。わたしは熱情の神である。わたしを否む者には、父祖の罪を子孫に三代、四代までも問うが、わたしを愛し、わたしの戒めを守る者には、幾千代にも及ぶ慈しみを与える。

あなたの神、主の名をみだりに唱えてはならない。みだりにその名を唱える者を主は罰せずにはおかれない。

安息日を心に留め、これを聖別せよ。六日の間働いて、何であれあなたの仕事をし、七日目は、あなたの神、主の安息日であるから、いかなる仕事もしてはならない。あなたも、息子も、娘も、男女の奴隷も、家畜も、あなたの町の門の中に寄留する人々も同様である。六日の間に主は天と地と海とそこにあるすべてのものを造り、七日目に休まれたから、主は安息日を祝福して聖別されたのである。

あなたの父母を敬え。そうすればあなたは、あなたの神、主が与えられる土地に長く生きることができる。

殺してはならない。

姦淫してはならない。

盗んではならない。

隣人に関して偽証してはならない。

隣人の家を欲してはならない。隣人の妻、男女の奴隷、牛、ろばなど隣人のものを一切欲してはならない。」＊[29]

……『出エジプト記』第二〇章一～一七節

こうやって眺めてみると、これらが宗教上の重要な戒律として提示されていることに若干の違和感を覚えないだろうか。「唯一神、偶像、神の御名、安息日、父母、殺人、姦淫、盗み、偽証、貪り」という一〇項目のうち、第一の「唯一神」、第二の「偶像」、第三の「神の御名」、第四の「安息日」はいかにも宗教的であるが、第五戒から第一〇戒は別に宗教的でもなんでもなくて、ごく一般的な道徳的なきまりであるからである。父母を敬えとか、盗んではならないとか、こ

＊29　この一連の文章からどのように十箇条を取り出すかで、ユダヤ教とキリスト教との間には微妙な違いがある。ユダヤ教の第一条は「わたしはあなたを奴隷の家から導き出した主である」であり、第二条は「あなたには、わたしをおいてほかに神があってはならない。あなたはいかなる像も造ってはならない」である。キリスト教はユダヤ教の第一条をカウントせず、第二条の「あなたには、わたしをおいてほかに神があってはならない。あなたはいかなる像も造ってはならない」を二つに分けて、「あなたには、わたしをおいてほかに神があってはならない」を第一条、「あなたはいかなる像も造ってはならない」を第二条とする。しかし、キリスト教はキリスト教でもプロテスタントとカトリックの間でも微妙に異なっていて、カトリックは「あなたはいかなる像も造ってはならない」を十戒に含めない。というわけで、私が本書で「十戒」として示したのはプロテスタントのカウントの仕方に基づくものである。念のために言っておくが、そうしたのは私がプロテスタントに入れ込んでいるからではない。単にこのバージョンの十戒が日本ではよく知られているからだというそれだけの理由である。ユダヤ、プロテスタント、カトリックのそれぞれの数え方についてはwebを検索すればいくらでも出てくるので自分で調べてみて欲しい。

んなことはいちいち「守らないと神に罰せられるから必ず守るように！」などと言われるまでもなく、そもそも人間として一般的に守るべきものではないか、という気がするのではないだろうか。

なぜわざわざ「十戒」の中に道徳的項目を含めなければならないのか。実はここにユダヤ教という宗教を理解するヒントがある。ユダヤ教という宗教は、宗教でもって道徳をたしかなものにしようとする宗教なのである。言い換えると、道徳的によい生き方をするために宗教の権威を用いたのがユダヤ教である。

いやいや、そんなことはべつに特筆すべきことでもないでしょうに、と思った人がいるかもしれないが、そもそも宗教というのは必ずしも道徳と一致するとは限らないし、むしろあえて道徳を破壊するような性質を帯びる場合もある、ということは少し考えたら気が付くと思う。オウム真理教が引き起こした地下鉄サリン事件（一九九五年）は、宗教が道徳を破壊した具体例として、人々の記憶に深く刻まれているだろう。詐欺事件や暴力事件など、宗教が道徳を破壊する例は他にもたくさんあるはずである。

また、こういう犯罪でなくても、宗教が道徳を無視するケースはいくらでもある。たとえば「お祭り」というものは、酩酊・姦淫・暴力などの非道徳に満ち溢れる無秩序的な生命力が噴出する非日常の現象であって、この噴出する生命力を神（神々）に奉納するという趣がある。「宗教」が非日常の時間と空間を作り出し、そこでは既成の道徳的秩序が無効になる。シナイ山でモーセが「十戒」を授かったときに山の下で行われていたのは、「民は座って飲み食いし、立っては戯れた」（『出エジプト記』第三二章六節）と書かれていることからもわかるように、神として鋳造された金の雄牛を中心にしたドンチャン騒ぎであったであろうことは想像に難くない。まさに酩酊・姦淫・暴力が展開されていたわけである。

ユダヤ教はこういうタイプの宗教を否定するところに位置していると見ることができる。つまり、ユダヤ人は宗教によって他者を思いやり、やさしくあろうとした極めて稀有の、高潔な理念を持った存在であったといえるだろう。

そのためにユダヤ人は六一三箇条の戒律を守らなければならない。この六一三箇条はユダヤ教の宗教者だけにあてはまるのではなく、ユダヤ人なら誰でも守らねばならないという点でいわば在家戒でもある。たとえば仏教の在家戒は基本的に五つだけであるということから見ても、これは異次元の厳しさである。

ユダヤ人はこういった律法遵守の大変さを「神による祝福の証拠」として積極的に理解していた。ユダヤ人はしばしば律法を守らず、神に罰せられてきたが、「律法を持つ我々はもともと神に祝福されている」と考えていたわけである。そもそも他の民族はこういった神との契約を持たないが、ユダヤ人は神との契約を持っている。だから、実は契約を交わしている時点で神によってすでに救われている、とも考えることができる。別の言い方をすれば、神によってすでに救われているからこそ律法を守ることができる、というわけである。*30

ところが、バビロン捕囚期を経て、「神に祝福されるためには律法を遵守せ

＊30　ここには曹洞宗の開祖である道元（一二〇〇～一二五三）の「修証一等」と同じ構造を読み込むことができると思う。「修」とは「修行」、「証」とは「悟り」のことであり、この二つが同じであるという思想である。悟りをひらくために修行するのではなく、すでに悟っているからこそ修行することができるし、修行しなければならないのだ、だから日常のすべてが修行なのだ、と道元は考えたのである。六一三戒を守るということは実質的に日常のすべてが修行であるようなものだろうから、ユダヤ教と禅仏教はこの点で案外似ているのかもしれない。

ねばならない」という考え方へ変わった。つまり、律法が「祝福の証拠」から「祝福への義務」に転換したと見ることができる。族長アブラハムが一族を率いる指針として信仰した唯一神の宗教としての古代イスラエルの宗教は、バビロン捕囚期を経て、律法を徹底重視する「ユダヤ教」へとリニューアルされたと解釈することができるだろう。[*31]

10　次章にむけて

ユダヤ人の宗教であるユダヤ教は、今や「律法主義」を本質とする。神の国に入るためには律法遵守が絶対条件である、という共通の認識が定着する。守ることができない人は宗教的に罪を犯したとされ、それだけ神の国から遠ざかることになる。だから、日々慎重に戒律を意識して生活しなければならない。罪を犯してしまったら、それを贖《あがな》うために一定の手続きをして、罪を帳消しにしてもらわなければならない。

さて、律法を守るためには律法に関する知識がなければならないが、ユダヤ人全員が六一三ある戒律に関する正確な知識を持つことができたのだろうか。仏教の場合、出家者として信仰に打ち込むことができる特別な身分の場合でも戒律は二五〇程度であるから、六一三箇条を在家信者にも義務として課すユダヤ教がいかに厳しいか、あらためて強調しておく必要があるだろう。

律法を遵守しないと救われないという点をことさら強調するとどうなるか。

＊31　「ユダヤ」という呼称は、ヘブライ語の「ユダ」のラテン語訳である。南ユダ王国の人たちが「ユダヤ人」であるわけだが、バビロン捕囚以降、イスラエル民族全体を「ユダヤ人」と呼ぶようになった。だから正確には、民族全体を指示する言葉としては、バビロン捕囚以前については「ユダヤ人」ではなく「イスラエル人」という呼称を用いるべきであるが、入門書という本書の性格上、そこまでの厳密さは求めなくてもよかろう。註二四も参照。

そういう意識が強固に支配している社会においては、律法を破る人はその社会から排斥されることになるだろう。こうなってくると、道徳的に生きるための律法主義、つまり他者を思いやり、やさしくあろうとしたはずの律法主義は、他者を排斥するために機能してしまう可能性がある。

貧しくてそもそも教育を受けられない人はどうなるのか。あるいは、知識があっても、なんらかの事情によって「したくてもできない」場合もあるだろうが、その場合はどうなるのか。また、身分が低くて戒律に抵触する「不浄な仕事」しかできない人はどうなるのか。当然排斥されることになるだろう。

あるいは、身体の障害を持つ人や、不治の病にかかっている人はどうなるのか。いや、そもそも宗教的な罪を犯したがゆえに障害や不治の病になるのであって、いくら自分ではそうではないと信じていても他者から罪を犯したに違いないと蔑まれる病人たちはどうなるのか。

こういう人たちはもはや救われないのか。社会的弱者は、社会的弱者であるという限りで、救われないのだろうか。

この問いの先に、イエスがいる。

第5章 イエスの立場

ネム船長の羅針盤

戒律遵守を重視するユダヤ教は、戒律を守れない人たちに「罪びと」というレッテルを張って蔑む。戒律の中には時代錯誤的なものや意味不明な「ブラック規則」のようなものもあり、それを守ることがどれほどの重要性を持っているのかとイエスは突きつけた。

「口に入るものは人を汚《けが》すことはない。口から出るものが人を汚すのである」
……『マタイによる福音書』

1　イエスの誕生

本章ではまずイエスの立場をおおざっぱに把握することを目指したい。おおざっぱではあるが、しかしイエス理解の基本路線が定まると、あとはかなり理解しやすくなると思う。それに、「はじめに」で書いたように、イエスの言行は宗教という文脈とは関係なしでも十分に意義があり、そしてそれはとてもかっこいい、ということも本章を読めばわかるだろう。

この作業に入る前に、まずはいくつかの基本的な情報を共有しておくのがいいだろう。マリアの処女懐胎、イエスについて書かれている『福音書』、イエスの生年月日などについてである。

さて、「イエス・キリスト」という表現は「キリスト家のイエスさん」を意味しているのではないことにはすでに触れた。「キリスト」とは「救世主」という一般名詞であることにも触れた。「キリスト」はギリシア語の「クリストス」が日本風になまったものである。そして、「クリストス」とは「メシア」という言葉のギリシア語訳である。「メシア」という言葉を聞いたことがある人も中にいるかもしれない。これはヘブライ語の「mashiach マーシアハ」が英語風になまったものである。いずれにしても、これらの言葉は「救世主」を意味する単語である。[＊32]

そうであるから、「イエス・キリスト」という表現は「救世主であるイエス」という意味である。あとでまた詳しく論じるが、定義上、イエスのことをキリストであると信じるのがキリスト教であるから、「髪の毛が長くてやさしそうな顔をしたあのお兄さん」「十字架にかけられて死んだあの人」のことを「キリスト」と呼ぶなら、あなたは「イエスのことをキリストと呼ぶ人」つまりクリスチャンであることになる。

クリスチャンでないなら、「あの人」のことはイエスと呼ぶ方がいいと思うが、「キリスト」をそもそもファミリーネームだと誤解している人が圧倒的に多いこの日本では、イエスはファーストネームだと誤解されているようでもあるし、イエスと呼ぶ方がむしろ「あの人」に対する親しみを持っているようにも感じ

＊32 「救世主」とひとくちにいっても、そのニュアンスがかなり重要なのであるが、その点に関しては最終章で触れることにする。

られて逆にクリスチャンであるような雰囲気が出てしまうような気がしないでもない。

私自身は授業で話すときは「イエスさん」という呼称を用いているが、それは西郷隆盛や坂本龍馬のことを私は「西郷さん」や「坂本さん」と呼んでいるのと同じで、とくに深い意味があるわけではない。

さてさて、そのイエスは大工の父ヨセフと母マリアの子である。イエスの出生についてもすでにその奇跡の話とともにどこかで触れたが、あらためて詳しく見ておこう。イエス出生に関する文書を書いた人がイエスという人をどのように見ていたか、よくわかるからである。なお、すぐあとで見るが、この文書は『福音書』と呼ばれるものの中に収録されている記事である。『福音書』はイエスの死後にクリスチャンである誰かによって書かれたものである。

アブラハムの子ダビデの子、イエス・キリストの系図。

アブラハムはイサクをもうけ、イサクはヤコブを、ヤコブはユダとその兄弟たちを、ユダはタマルによってペレツとゼラを、ペレツはヘツロンを、ヘツロンはアラムを、アラムはアミナダブを、アミナダブはナフションを、ナフションはサルモンを、サルモンはラハブによってボアズを、ボアズはルツによってオベドを、オベドはエッサイを、エッサイはダビデ王をもうけた。

ダビデはウリヤの妻によってソロモンをもうけ、ソロモンはレハブアムを、レハブアムはアビヤを、アビヤはアサを、アサはヨシャファトを、ヨシャファトはヨラムを、ヨラムはウジヤを、ウジヤはヨタムを、ヨタムはアハズを、アハズはヒゼキヤを、ヒゼキヤはマナセを、マナセはアモスを、アモスはヨシヤを、ヨシヤは、バビロンへ移住させられたころ、エコンヤとその兄弟たちをもうけた。

バビロンへ移住させられた後、エコンヤはシャルティエルをもうけ、シャルティエルはゼルバベルを、ゼルバベルはアビウドを、アビウドはエリアキムを、エリアキムはアゾルを、アゾルはサドクを、サドクはアキムを、アキムはエリウドを、エリウドはエレアザルを、エレアザルはマタンを、マタンはヤコブを、ヤコブはマリアの夫ヨセフをもうけた。このマリアからメシアと呼ばれるイエスがお生まれになった。

こうして、全部合わせると、アブラハムからダビデまで十四代、ダビデからバビロンへの移住まで十四代、バビロンへ移されてからキリストまでが十四代である。

……『マタイによる福音書』第一章一～一七節

ここに言及されている名前をすべて丁寧に見る必要はない。注目すべきはただひとつ、明らかにイエスがダヴィデの血を引くことが強調されている点である。救世主はダヴィデの家系から出ると信じられていたから、救世主であるイエスもそうだというわけである。そして、この記事のあとに、母マリアが処女のまま聖霊によって懐胎し、イエスを生んだ話が続く。

イエス・キリストの誕生の次第は次のようであった。母マリアはヨセフと婚約していたが、二人が一緒になる前に、聖霊によって身ごもっていることが明らかになった。夫ヨセフは正しい人であったので、マリアのことを表ざたにするのを望まず、ひそかに縁を切ろうと決心した。*33

このように考えていると、主の天使が夢に現れて言った。「ダビデの子ヨセフ、恐れず妻マリアを迎え入れなさい。マリアの胎の子は聖霊によって宿ったのである。マリアは男の子を産む。その子をイエスと名付けなさい。この子は自分の民を罪から救うからである。」このすべてのことが起こったのは、主が預言者を通して言われていたことが実現するためであった。「見よ、おとめが身ごもって男の子を産む。その名はインマヌエルと呼ばれる。」

この名は、「神は我々と共におられる」という意味である。ヨセフは眠りから覚めると、主の天使が命じたとおり、妻を迎え入れ、男の子が生まれるまでマリアと関係することはなかった。そして、その子をイエスと名付けた。

……『マタイによる福音書』第一章一八～二四節

これがマリアの処女懐胎の記事である。ここまで読み進めてこられた読者は、

＊33　この時点では、マリアの妊娠が聖霊によるものであることをヨセフは知らなかった。ヨセフはマリアが姦淫をしたと思ったわけだが、それを公にしてしまうとマリアは律法に従って「石打ちの刑」で殺されることになるし、だからといって他人の子を受け入れることはできなかった。離縁すればマリアの子は人々からはヨセフの子として認識されてマリアは救われるが、ヨセフはマリアを捨てたかどで非難されるだろう。ヨセフは後者を選ぼうとしたといえる。

「こんな奇跡は信じがたい」とか「でた！ うさんくさい聖書！」とか、もうそういう反応はしないだろう。あくまで価値中立的に距離をとって例の「清盛読み」に徹し、「マリアの処女懐胎を信じるなら、イエスの父親はヨセフではなく神であるから、地上の家系とは無関係であるはずなのに、なぜこんな書き方をするのだろう」と反応すればよい。そして、「仮にどちらかがほんとうであるなら片方がウソということになるしかないはずだが、そんなことはこの著者にとってはどうでもいいのだろう」と理解しておけばよい。この著者はこの両方を強調したかったのであって、ただそれだけのことなのであると考えれば、スラスラ読めるはずである。

2 『今昔物語集』の中の「処女懐胎」

このマリアの処女懐胎の話を聞くたびに、私はつい平安時代末期に成立したとされる『今昔物語集《こんじゃくものがたりしゅう》』の中の或る下品な話を思い出してしまう。クリスチャンからすれば大ヒンシュクなのかもしれないが、思い出してしまうのだから仕方がない。というわけで、その小話を紹介しよう。

今は昔、京から東国にくだるものがいた。どこの国の、どこの郡ということはわからずに、とある村里を通りすぎていくうちに、とつぜんはなはだしい婬欲をもよおして、気が変になったように女が欲しくてたまらず、どうにも心をしずめることもできずになやんでいると、大路のかたわらにあった垣根のなかに、青菜というものが高々といまをさかりに青々と茂っている。ちょうど、十月ごろであったので、かぶらの根は、大きく成長していた。この男は、これを見つけると、すぐさま馬からおりて、その垣根のなかに入りこんで、かぶらの根の大きいのを一本ひっぱり出して、それに刀で穴をほって、その穴と交わって用をすませた。そして、そのまま垣根のなかにおっぽりこんで行ってしまった。

その後、この畑の持ち主が、青菜の収穫のために、下女どもをおおぜいつれ、また、幼い自分の女の子などをつれて、その畑に行って青菜を引きぬいていたが、年齢一四、五歳ぐらいで、まだ、男の肌にもふれたことのない娘がいて、みんなが青菜を引きぬいている間に、垣根のまわりをあそび歩いているうち、例の男が投げこんだかぶらを見つけて、「あら、ここに穴があいているかぶらがあるわ。なにかしら」などと言って、しばらくもてあそんでいたが、しなびたかぶらを、手で引きさいて食べてしまった。そのうち、主人は、下女たちをみなつれて家に帰ってしまった。

その後、この女の子は、なんとなく気分がすぐれない日がつづき、食事ものどを通らず、様子も以前のようでなくなったので、父母は、「どうしたのだろうか」と言って心配しているうちに、月日がたつにつれ、なんと身ごもっていたのであった。父母は、たいへん衝撃をうけて、「おまえは、いったいどんなことをしでかしたのだ」と問いただすと、娘は、「わたし、男のそばに近寄ったことなどないの。ただ、おかしなことに、あの日、へんなかぶらを見つけて食べたの。その日から具合が悪くなって、こんなことになってしまったのよ」と言ったけれども、父母は、どうしたことか、さっぱりわけがわからないので、娘の言うことをわけがあることとも理解できず、いろいろとたずね聞いてみるが、家のなかの召し使いたちも、「おじょうさまが、男性のそばに近づいたことは、まったく見たこともございません」と言うので、そのまま、不思議に思いながらも数カ月が過ぎるうちに、いつしか産み月になって、玉のような男の子を無事出産したのであった。*34

或る男が畑の蕪《かぶ》を女性のヒップに見立てて自慰を行ない、その蕪をたまたま手にした娘が妊娠した、という話である。物語は最終的にこの男と娘が結婚するハッピーエンドで終わる。これがもしほんとうの話なら処女マリアの妊娠だって実際にありえるのではないかと思うが、要するに私が言いたいのは、この『今昔物語集』の内容を読んだ人が「こんな話はありえない！」「でたらめだ！」「今昔物語はうさんくさい！」などというマイナスな反応を示すことは恐らくなく、シンプルに「面白い話だったな～」という度合いの反応で終わるはずであって、『聖書』もこの『今昔物語集』と同じように読めばそれでいいのである、ということである。

ちなみに、原理主義の立場は当然このマリアの処女懐胎も現実にあり得ると主張しているが、その議論がなかなか面白い。代理母出産であれば可能だとい

*34 武石彰夫訳『今昔物語集 本朝世俗篇（上）全現代語訳』講談社学術文庫、二〇一六年、三八五～三八六頁。

うのである。

代理母の特徴は、子宮に植えられた細胞と母親の身体とはまったく血縁に関係がないことです。しかも、胎児と子宮の間には胎盤があってお互いに血液は行き来しません。〔…〕血の混入によって罪の関係が来ると考えられます。ですから、天で造られ、聖霊によってマリヤの胎内に移されたイエスさまの御身体は、マリヤの胎内ですくすくと成長しましたが、マリヤの血の影響は何一つ受けなかったのです。したがって、罪の性質のまったくない御子イエス・キリストがこの世に生を受けたのです。[*35]

キリスト教にとってマリアの処女懐胎の話がなぜ重要なのかというと、イエスが神の子として罪のない状態で生まれたということの「証拠」になるからである。すべての人間はアダムとイヴが犯した罪を受け継いでいると考え、この受け継いだ罪を「原罪」として把握するのがキリスト教であるが[*36]、イエスだけは特別であって「原罪」を負っていない。なぜなら神の子だからだ、というわけである。原理主義者の言い分では血が罪を伝達するので、血のつながりがない子の出産が可能であれば、「イエス神の子説」はありえるということになる。

神がやったことは科学でも可能だから『聖書』に書いてあることはウソではない、というのが原理主義の主張である。まあたしかにそうなのかもしれないが、代理母出産が今から二〇〇〇年前でも可能であったらね、とだけ言ってお

＊35　宇佐美正海『進化論の迷走』創造科学研究会、一九九六年、五二頁。

＊36　ユダヤ教には基本的に「原罪」という発想はない。

きたい。二〇〇〇年前では神を持ち出すしかないから結局のところ原理主義者以外は納得しないだろう。『今昔物語集』と同じような仕方で読む方がよほど面白いと思うがいかがだろうか。[*37]

3 『福音書』

さて、このイエスの誕生は『福音書』に書かれていると述べたが、『福音書』とは『新約聖書』を構成する二七編の文書のうちの四編で、『新約聖書』の冒頭に『マタイによる福音書』『マルコによる福音書』『ルカによる福音書』『ヨハネによる福音書』の順番で置かれている。キリスト教関係の本の中で『マルコ』や『ルカ』などと書いてある場合は『マルコによる福音書』『ルカによる福音書』のことである。本書でもそういう書き方をすることにする。

『マタイ』『マルコ』『ルカ』『ヨハネ』のうち、最初の三つ、つまり『マタイ』『マルコ』『ルカ』は収録されている記事の内容や全体的な話の流れにおいて共通点が多く、相互に比較対照（共観）しながら読まれることが多いので「共観福音書」と呼びならわされている。『ヨハネ』も話の流れは割と似ており、イエスの出生、宣教、エルサレムへの旅、受難というストーリーの大枠は基本的に共通するが、収録されている個々の記事の内容の点では相違が大きいので、別扱いになっている。

マタイ、マルコ、ルカ、ヨハネというのは人の名前であり、それぞれの『福

＊37　毎度のことながら念のために言っておくと、私はべつに原理主義的立場を否定しているのではなく、共感しないと言っているだけである。神の奇跡を信じる立場もあって、そういう立場をそういうものとして私は認めるが、私自身はそういう立場はとらないと言っているだけである。

音書』の著者の名前として伝承されてきたので、それぞれの『福音書』にそれらの名前が冠されているのであるが、実際のところはわからないらしい。それに、そもそも一人で書いたものが今に伝わっているのではなく、あとあと書き足されたり、修正されたりしたと考える立場もあって、専門的な研究者は、どこからどこまでがオリジナルで、どこからどこまでが追加分だとか、細かい指摘を行なっている。この点については私はド素人なので、「はじめに」で紹介した諸研究者を参考にさせていただいている。

成立年代についてもはっきりしていない。最も早く成立したのは『マルコ』であることはほぼ確定で、六〇～七〇年頃とされるが、もう少し早い可能性もある。マタイとルカは八〇年頃、ヨハネは九〇年頃と推定されている。イエスが死んだのが三〇年頃なので、そののち一世代から二世代あとぐらいまでには書かれたと見てよいだろう。

『マタイ』『マルコ』『ルカ』は内容が似ていると述べたが、『マタイ』と『ルカ』には『マルコ』の中にある記事と共通する記事の他にも、『マルコ』にはない多くの記事があって、それらの記事もまた相互によく似ていることから、『マタイ』と『ルカ』は『マルコ』を参照しつつも、「失われてしまった別の資料」を参照して書いたのではないと考えられている。この資料を「Q資料」（Quelle：ドイツ語で「資料」）という。「Q資料」についても一人の著者が書いたまとまった一冊の本であったのか、一冊の本にあとからいろいろな修正が加えられたものなのか、いろんな著者が書いた文書の寄せ集めであったのかなどなど、わからないことが多い。

「福音」という言葉はキリスト教の文脈以外では耳にすることのない日本語であるが、ギリシア語の原語は「エウアンゲリオン（euangelion）」で、これは専門的な観点では言葉として定着するまでに多少の経緯があったようであるが、要するに「eu＝よい」＋「angelion＝知らせ」＝「よい知らせ」である。英語では「ゴスペル」や「グッド・ニュース」と訳されている。

「よい知らせ」とはいったい何のことかというと、イエスがこの地上に現れ、救世主となって私たちを救ってくれたという「知らせ」のことである。だから、『福音書』はイエスの言行録のようなものであり、イエスが救いのために行ったいろいろなことや、イエスに起こったいろいろなことが書かれている記事であると認識しておけばよい。

前節でイエスの生年月日について触れるのを忘れていたのでここで述べておこう。イエスの生年月日は紀元元年（西暦一年）の一二月二五日だということになっているが、これは間違っていて、正確にはわかっていないというのが真相である。一二月二五日という日付けはもともとローマ帝国で広く信仰を集めていたミトラ教の冬至のお祭りの日であり、キリスト教がこの日を借りただけである。そもそも紀元元年の出生であるということ自体も間違っているといわれている。

『福音書』の記事によると、イエスはヘロデ王（当時のイスラエル王）の時代に生まれたことになっている。「ユダヤの王が生まれた」という占星術師の言葉に不安を覚えたヘロデ王は、二歳以下の子どもを全員殺すように命じ、自分の地位をおびやかす者を排除しようとした。これはまずいということで、ヨセフとマリアはイエスを連れていったんエジプトに避難したが、ヘロデ王が死んだのでイスラエルに戻ったと『福音書』には書かれている。ヘロデ王の死は紀元前四年であるので、少なくともイエスは紀元前四年以前に生まれていると推測される。

　また、『福音書』にはイエスが生まれた日に「東の空に大きな星が現れた」と記されているが、これは紀元前七年に魚座の場所で木星と土星が大接近したことと関係しているのではないかともいわれている。当時の占星術によると「木星＝世界の支配者」「土星＝パレスチナ」「魚座＝終末」であるから、「パレスチナに終末時の支配者が現れた」と解釈できるらしい。福音書の記事がこのような解釈に基づいて書かれていると考えるなら、イエスは紀元前七年生まれということになる。

　以上から、イエスは紀元前七年から紀元前四年の間に生まれたと考えるのが妥当なようである。だから、まったく紀元元年ではないし、クリスマスの日も関係ないのである。ついでにいっておくと、イエス誕生物語を記す『マタイ』と『ルカ』ではイエスはベツレヘムで生まれたことになっているが、これも怪しいという意見がある。ベツレヘムはダヴィデの出生地であるから、この記事もイエスをダヴィデの系譜に連ねたいがための創作だろうと考えられるからである。

イエスはナザレという場所で主に活動していたので、ナザレ生まれだとするのが妥当なように思われるが、わからないことは仕方がないので、このあたりで切り上げて、イエスの立場のおおざっぱな把握を目指す作業に進もう。ちなみに、ベツレヘムはエルサレムの近くにあり、もともとは南ユダ王国に属する町にあったのに対して、ナザレは北イスラエル王国の領内にあった町である。この対比についてはまたあとで触れることになるだろう。

4　異常に細かい律法

イエスの立場を把握するにはなんといっても律法に対する彼の態度を理解することが重要である。前章の最後に見たように、きびしい律法主義は人々を思いやるどころか、逆に虐げるものになり得るのであった。イエスはこの行き過ぎた律法主義を批判した人なのである。イエス自身もユダヤ教徒であるから、イエスはユダヤ教を内部から批判する人であり、その意味ではユダヤ教の内部改革者として規定することができるだろう。

ユダヤ教の戒律は六一三あり、それらをきっちり守らないと神の国へ入ることができないという共通の認識があったことは前章で確認したとおりである。具体的に一部の戒律について見てみよう。どれぐらい細かいことに気を付けないといけないかがわかると思う。

まず食事の戒律を見てみよう。これは「カシュルート」と呼ばれ、「清浄なもの」

という意味の「コシェル（コーシャ）」だけを摂取すべしというものである。『旧約聖書』の『レビ記』を見てみよう。

主はモーセとアロンにこう仰せになった。イスラエルの民に告げてこう言いなさい。

地上のあらゆる動物のうちで、あなたたちの食べてよい生き物は、ひづめが分かれ、完全に割れており、しかも反すうするものである。従って反すうするだけか、あるいは、ひづめが分かれただけの生き物は食べてはならない。

らくだは反すうするが、ひづめが分かれていないから、汚《けが》れたものである。岩狸《いわだぬき》は反すうするが、ひづめが分かれていないから、汚《けが》れたものである。野兎も反すうするが、ひづめが分かれていないから、汚《けが》れたものである。いのししはひづめが分かれ、完全に割れているが、全く反すうしないから、汚《けが》れたものである。これらの動物の肉を食べてはならない。死骸に触れてはならない。これらは汚《けが》れたものである。

水中の魚類のうち、ひれ、うろこのあるものは、海のものでも、川のものでもすべて食べてよい。しかしひれやうろこのないものは、海のものでも、川のものでも、水に群がるものでも、水の中の生き物はすべて汚らわしいものである。これらは汚らわしいものであり、その肉を食べてはならない。死骸は汚らわしいものとして扱え。水の中にいてひれやうろこのないものは、すべて汚らわしいものである。

鳥類のうちで、次のものは汚らわしいものとして扱え。食べてはならない。それらは汚らわしいものである。禿鷲《はげわし》、ひげ鷲、黒禿鷲、鳶《とび》、隼《はやぶさ》の類、烏の類、鷲みみずく、小みみずく、虎ふずく、鷹の類、森ふくろう、魚みみずく、大このはずく、小きんめふくろう、このはずく、みさご、こうのとり、青鷺《あおさぎ》の類、やつがしら鳥、こうもり。

……『レビ記』第一一章一～一九節

このあとにまだ昆虫や爬虫類が続くが、それはまあいいだろう。右に引用した内容は、三つのパートからなる。獣類、水中の生物、鳥である。

獣類は「ヒヅメが分かれていて反すうするもの」だけOKだと書かれている。「反すう」というのは、一度胃の中に入れたものを口に戻して噛み、そしてまたそれを飲み込むことであり、消化をよくする効果がある。人間は干し草を食べても恐らくほとんど栄養を摂取することができないが、牛は干し草で生きることができる。それは反すうによって人間には吸収できない栄養分を取り込むことができるからである。

ともかく、「ひづめがわかれ、反すうする」という条件に合うのは、日本人になじみのある獣でいうと牛、鹿、羊である。条件に合わないのは豚、猪、馬、ラクダ、兎、狸などである。

水の中のものに関しては、「ウロコとヒレのあるもの」だけが条件に適うので、ヒレがあってもウロコがないウナギ、アナゴ、サメ、フグはアウト、ウロコがあってもヒレがないカメやワニはアウト、ウロコもヒレもないエビ、カニ、イカ、タコ、貝類、ナマコもアウトということになる。鳥類は個別に決められているが、猛禽類はダメで、鶏や七面鳥はＯＫである。

また、肉と乳を一緒に食べてはいけないというきまりもあり、これは拡大解釈されて現在では親と子を一緒に食べてはいけないということになっている。ステーキを食べる時にはパンはバターなしで食べる必要があり、食後のコーヒーをもミルクなしで飲まねばならない。チーズバーガーもダメ。親子丼もダメ。

さらに、肉は特別の方法で処理する必要があり、ショヘットという特別の畜殺資格を持つ人が、ハラフという鋭利な刃物を使い、無用の苦しみを与えない方法で行わなければならない。それゆえ、日本で私たちが口にすることのできる肉類はこの点ですべてアウトになるだろう。さらに肉は水につけてしっかり血抜きしてからでないと食べてはいけない。仮に肉そのものがセーフであっても、レアのステーキは当然ダメである。

また、食事の前には手を洗わなければならないという戒律も重要で、これはまたあとでイエスの言行を紹介するときに言及することになる。

「けがれた」ものに触れたものは「けがれた」ことになるので、「けがれた肉」そのものではなくともその動物に由来する油が使われていたらそれだけでアウトである。日本で用いられている動物油脂の原料となる動物の畜殺はユダヤ方式で行われていないはずだから、油を使う場合は植物油でないとアウトである。

また、「けがれたもの」の調理に使用された機具はすべてアウトになるから、現代の日本ではファストフード店はもちろんのこと、コンビニやスーパーの弁当や総菜もユダヤ人にとってはかなり怪しいので、ユダヤ人を接待する機会がある場合は念入りな注意が必要である。*38

あともう一つ、安息日についても見ておきたい。安息日は世界創造を終えた神が七日目に休んだことに由来している。

天地万物は完成された。〔…〕第七の日に、神は御自分の仕事を離れ、安息なさった。この日に神はすべての創造の仕事を離れ、安息なさったので、第七の日を神は祝福し、聖別された。

……『創世記』第二章一～三節

ユダヤ社会では一日の始まりを夜中ゼロ時ではなく日没時に置くから、一日は日没～翌日の日没でカウントする。安息日は金曜日の日没から土曜日の日没にかけてである。ともかく、この日は徹底的に休むことに特徴がある。当然仕事はダメだが、家庭菜園レベルでの収穫や採取もダメ、料理もダメだし、掃除もダメ、現代では車の運転もダメで、ガス器具や電気製品の使用もダメだそうである。

火を使うのは労働としてカウントされるので、ガス器具はたしかに火が出るのでダメだろうが、電気製品はよさそうなものである。しかし、スイッチやボ

*38　もっとも、ユダヤ人全員がここまで厳密にカシュルートに従って生活しているわけではなく、人や家や宗派によって程度の差はある。

タンを押すときに小さな火花が出るので、これは火の使用に該当してしまってアウトになる、ということである。タイマーを使えばＯＫだそうである。火花が出ることになる直接の動作は安息日の前にしたことになるからである。また、宗派によってはトイレットペーパーをちぎるのも労働にあたるから、安息日の前にちぎっておくらしい。

エレベーターのボタンも安息日には使えなくなり、押すことができなくなる。ホテルの三〇階に部屋をとった旅行者は、自力で三〇階まで登らなければならないという悲惨な目に遭うのかというと、そこはきちんと配慮がなされていて、自動で各階に停まるのだそうである。

いずれにしても、こういう細かい規則を守らないと「戒律違反」としてみなされ、「罪を犯した」ことになる。そして、「罪を犯した」限りで、神の国に入ることができる可能性がどんどん低くなっていく、というわけである。

もちろん、犯した罪に対する処置の方法も用意されている。エルサレムの神殿に行き、小羊を屠って神に捧げるというのが一般的であるが、やたら細かい規定も『レビ記』に載っている。詳細は省くが、何種類もの動物を所定の手続きに従って殺して捧げたり、頭髪から体毛まですべて剃ったりする必要がある、とか、家にカビが生えたときなどは、場合によっては家を全部壊して、町の外にある「けがれた場所」へ捨てに行くべし、とか、カビは「けがれ」なのでここまで慎重に徹底的に排除しなければならないのであるが、いずれにしてもたいへんお金がかかることになる。

ここでまたひとこと言っておきたい。授業でカシュルートや安息日規定の話をすると、必ず「こんなんムリ」とか「ユダヤ人でなくてよかった」とか、例によって短絡的な価値判断でしか対応できない学生がいる。

この手の短絡的反応は、他の授業で「千日回峰行」の動画を視聴するときにも必ず発生する。「千日回峰行」とは、日本仏教の天台宗で行われている修行の一つで、七年かけてのべ約千日間、台風の日も雪の日も一日三〇キロ、比叡山の山中を夜中から昼にかけて歩く修行である。*39 一度やり始めたら途中で投げ出すことはできず、満了するまで続けなければならない。とりわけ過酷なのはこの修行の後半に行われる「堂入り」で、九日間お堂にこもり、断食・断水・不眠・不臥でお経を唱え続けなければならない。

古くは死者も出たこの修行の様子を授業で紹介すると、「私には絶対できない」「私にはムリ」「意味がわからない」といった感想が必ず出てくる。カシュルートにしろ安息日規定にしろ千日回峰行にしろ、たしかに平均的日本人の常識的感覚を超えているだろうが、だからといってすぐに「私にはムリ」という方向へ話を持っていってしまう短絡さに私は強い危機感を覚えざるを得ない。

この短絡さの特徴は、なんでもかんでも自分に当てはめようとするところにある。すぐに「私なら」というふうに持っていくのである。この原因は、どうやら「ジブンゴト化する」という発想を重視する最近の教育傾向にあるような気がする。世の中の問題を「他人事」ではなく「ジブンゴト」としてとらえようという理念には大いに共感できるし、そういう教育をすべきだと思う。しかし、

＊39　厳密には五年目までとそれ以降では歩く距離やルートが違うし、そもそも「千日回峰行」という修行は天台宗以外でも行われているが、そういう詳細はいまは措く。

すでに本書第一章で述べたように、「早い判断」と「よいタイパ」・「よいコスパ」の実現に価値を置く生き方をしてきた人の痩せた知性に「ジブンゴト化」をさせてみても、対象についてしっかり考える力もないのだからうまくいくはずがない。

結局どうなるかといえば、単に対象を自分の好き嫌いのどちらかにさっさと、ふるい分けておしまい、である。たしかに「早い判断」かもしれないが、こんな幼稚な判断ならしないほうがよほどましである。本来「ジブンゴト化」は他者への思いやりに基づく営みであるはずなのに、「ジブンゴト化」に基づく「私なら」の「私」は他者を否定する態度に満ちている。明らかに本末転倒である。

5　社会的弱者

さて、前節で見てきたように律法は異常に細かい。そしてそういった律法に細かく従って生きる人は「正しい人」とされ、律法遵守から外れる人は「罪びと」と蔑まれる。「罪びと」とは殺人者や詐欺師のことではない。律法というのは日本人の感覚では法律的善悪・道徳的善悪・宗教的善悪という三つのレベルのものをすべて含むものだと考えればよいが、このすべてに宗教的次元が通底しているという点が律法というものの理解にとって重要である。

宗教的善悪は宗教的次元であるからよいとして、ユダヤ教においては法律的善悪と道徳的善悪はそのまま宗教的善悪でもあるのである。日本人の感覚だと、殺人と親不孝と安息日違反は明らかにレベルが違うが、律法という概念を持つユダヤ教にとっては、逮捕されるかされないかの違いはあるにせよ、いずれもが「律法違反」である点では同列であることになる。

律法に違反しないためにはどうしたらいいか。これはたとえば仏教の在家信者が在家戒を守るためにどうしたらいいか、というのとはわけが違う。すでに述べたように、仏教の在家戒は基本的に五つで、「殺生するな、盗むな、姦淫するな、嘘をつくな、酒を飲むな」である。これぐらいなら、酒をそもそも好まない真面目な人なら特別な努力なしに実践可能であるし、たった五つであるから、何が禁じられているかをそもそも覚えていない、というようなことにもならないだろう。

しかしユダヤ教は別である。六一三もあるからである。こうなると、まずは何が禁じられているのか、何をしないといけないのか、体系的に学ばないと覚えられるはずがない。[*40] だから、貧しくて教育を受けられない人はそもそも律法を知らないので守ろうにも守りようがないということになるだろう。あるいは、たとえ知っているにしても、生活のために優先すべきことがあって、守りたくても守れない場合もあるだろう。

「はじめに」で紹介した私の親友はいっとき農業をやっていて、彼は作物は人間を待ってはくれない、とよく言っていた。当然ながら、収穫のタイミングというのは人間の都合に合わせて到来してくれるわけではない。夜中であろうと台風であろうと、今を逃したら売り物にならなくなる、というタイミングが

＊40 『ユダヤ教小辞典』によると、六一三のうち三六五は「してはならない」という禁止の戒律で、残る二四八は「しなければならない」という履行義務の戒律である、とのことである（吉見崇一『ユダヤ教小辞典』リトン、一九九七年、二〇二頁参照）。

あるのだそうだ。だから、そのタイミングが仮に安息日に訪れてしまったら、安息日違反を犯してでも収穫作業をするしかない。そうしないと生きていけないからである。自然を相手にする仕事に携わる人は、すべてこういう理由で「罪びと」になる可能性が高いことになる。

他にも、基本的にどの文化にも共通すると思われるが、世の中に絶対に必要だがしかし忌避されるタイプの仕事にたずさわる人もそうである。死体や汚物の処理、畜殺や皮革加工といった仕事は歴史をさかのぼると「不浄」な仕事とみなされたことがあったが、こういう仕事を担っていたのは常に差別される側の人間であった。

インドのカースト制度において、カーストの最下層のさらに下、つまりカーストにさえ入れず、仕事があるにしても「不浄」な仕事にしか携われない「不可触賤民」と呼ばれる人たち、日本の古代や中世において、殺人を生業にしていた武士、殺生を生業にしていた漁師や猟師、夫に捨てられて売春を生業にするしかなかった遊女たち、こういった人たちに対する宗教的上位者の態度はいつの時代も露骨である。

私は一九歳のときにインドを一カ月間放浪したことがあった。たしかカルカッタでのことだったと思う。大豪邸の塀の外にぼろぼろの身なりのホームレスとおぼしき一家が座っていた。私はインドにはこういう人たちが日本よりもはるかに多いな、とか、家族まるごとホームレスというのは日本では見たことがないな、とか、そのようなことを考えながら歩いていたのである。すると、その大豪邸に住む人が塀の上に顔を出すや、下にいる彼らにバケツで水を浴びせかけたのである。住人の怒鳴り声の意味は私にはわからなかったが、「けがらわしいからあっちへ行け！」という意味だったのだろう。手でしっしっとふりはらう仕草をしていた。

私はここまで露骨な態度にすっかり驚いたが、もっと驚いたのは、この水攻めに対するホームレスたちの態度の方であった。この人たちは何も抵抗するそぶりを見せず、無言のまま、無表情のまま、しずかに荷物をまとめ、小さな子どもを二人連れて移動し始めたのである。それは私には、こういう扱いをされるのは仕方のないことだという諦めに見えた。やせ細り、荷物はほんの少しだけしかない一家族。他方で、でっぷり太った大豪邸のあるじ。私はこの光景を眺めていることしかできなかったが、こういう社会の構図が実際にあるのだということだけは理解した。

この大豪邸のあるじは、大豪邸に住むことができているという事実から察するに、上位カーストに属し、ヒンドゥー教の熱心な信者であると思われる。現代の世界に存在している宗教の中で、他者への優しさや助け合いの精神を説かない宗教は恐らくない。ヒンドゥー教ももちろんそうである。ではなぜこのあるじはホームレスにこのような仕打ちをしたのか。それは、他者への優しさや助け合いといっても暗黙の線引きがあって、「けがれた人」はその線の外側に位置しているからである。

イエスはこういう宗教的上位者へ激しく怒っていた。あとでまた述べるが、ユダヤ教は「隣人愛」の本家である。「隣人愛」といえばキリスト教というイメージをお持ちかもしれないが、この概念は『旧約聖書』の中にあり、ユダヤ人たちが伝統的に大事にしていた概念であった。だからよけいにイエスは怒る。お前たちは「隣人愛、隣人愛」と言ってその概念をありがたがっているが、お前たちが言っているような「隣人愛」というものはただのうわべだけのくだらない理念にすぎない。そんなに「隣人愛」を大事にしたいのだったら、それをほんとうの意味で実践したらどうか、この偽善者どもめ！　こういうイエスの怒りは、「はじめに」で紹介した親友の怒りとまったく同じであろう。

カルカッタで大富豪がホームレスをいじめるあの光景を見ても黙っているしかなかった残念な私とは違って、イエスは豪快かつ痛快である。きっとイエスならあの大豪邸のおやじに「金持ちが天の国に入るのは、らくだが針の穴を通るよりも難しい」と言い放っただろう。このセリフについてはいずれまた取り上げることになる。

6　律法を無視するイエス

おっと、少し先走ってしまったので、閑話休題。話を戻すと、生きるだけで精一杯の人にとって、不便で意味不明な戒律や煩瑣で大金がかかる儀礼にいったいどんな意義があるだろうか。今日食事にありつけるかどうかを心配しなければならない人に、家にカビが生えたから家を壊して捨てに行けということを強いるとするなら、そんな律法にどんな意味があるだろうか。イエスはこういった社会的弱者に徹底的に寄り添い、彼らに「だいじょうぶ、あなたは救われる」と説いた人なのである。

ファリサイ派の人々と数人の律法学者たちが、エルサレムから来て、イエスのもとに集まった。そして、イエスの弟子たちの中に汚《けが》れた手、つまり洗わない手で食事をする者がいるのを見た。――ファリサイ派の人々をはじめユダヤ人は皆、昔の人の言い伝えを固く守って、念入りに手を洗ってからでないと食事をせず、また、市場から帰ったときには、身を清めてからでないと食事をしない。そのほか、杯、鉢、銅の器や寝台を洗うことなど、昔から受け継いで固く守っていることがたくさんある。――

そこで、ファリサイ派の人々と律法学者たちが尋ねた。「なぜ、あなたの弟子たちは昔の人の言い伝えに従って歩まず、汚《けが》れた手で食事をするのですか。」

イエスは言われた。〔…〕外から人の体に入るもので人を汚すことができるものは何もなく、人の中から出てくるものが、人を汚すのである。

……『マルコによる福音書』第七章一～一六節

この箇所は『マタイ』にも同じような内容の記事（※並行記事という）があり、最後の言葉「外から人の体に入るもので人を汚すことができるものは何もなく、人の中から出てくるものが、人を汚すのである」は、『マタイ』では「口に入るものは人を汚すことはない。口から出るものが人を汚すのである」となっていて、個人的には『マタイ』のほうがかっこいいと思っている。ここで私が『マルコ』の方を用いたのは、手を洗うことを後生大事にするユダヤの習慣についてのよい説明が含まれているからである。

ともかく、右の引用を読めば、イエスのセリフが本質を突いた鋭さを持っているということがわかるだろう。手を洗わずに食事をするイエスの弟子たちが律法無視のかどで非難されたわけであるが、人間を真にけがれさせるかどうかは、外的なよごれの問題ではなく、内面の問題であるというイエスの考え方は私たちにもすなおに受け入れられるものだろうと思う。

引用の冒頭に出てきたファリサイ派とは、律法を厳格に守る宗派である。次に見る安息日に関する引用の中でもファリサイ派が登場する。律法を無視するイエスを目の敵にしているから、いろんな場所でイエスの言行に難癖をつけることになる。

ある安息日に、イエスが麦畑を通って行かれると、弟子たちは麦の穂を摘み、手でもんで食べた。ファリサイ派のある人々が、「なぜ、安息日にしてはならないことを、あなたたちはするのか」と言った。イエスはお答えになった。「ダビデが自分も供の者たちも空腹だったときに何をしたか、読んだことがないのか。神の家に入り、ただ祭司のほかにはだれも食べてはならない供えのパンを取って食べ、供の者たちにも与えたではないか。」
……『ルカによる福音書』第六章一～四節

イエスと弟子たちが麦畑のあぜ道を歩いているとき、弟子たちが麦の穂を摘んで食べたので、ファリサイ派の人はこれを非難しているということはわかるだろう。

まず、ファリサイ派の人は、他人の畑から勝手に収穫してはいけない！と怒っているのではない。『旧約聖書』の『申命記』の中に、「隣人の麦畑に入るときは、手で穂を摘んでもよいが、その麦畑で鎌を使ってはならない」と書かれており、手で摘む程度なら許容範囲だったことがわかる。前にも述べたように、律法は本来人にやさしいものである。貧しい人や空腹の旅人がそれで飢えをしのげるなら、それぐらいのことは別にいいじゃないかという、やさしい精神をうかがい知ることができるだろう。

本題から外れるが、ついでにあと一つ、同様のやさしい律法精神を伝える戒律を紹介しておく。

穀物を収穫するときは、畑の隅まで刈り尽くしてはならない。収穫後の落ち穂を拾い集めてはならない。ぶどうも、摘み尽くしてはならない。ぶどう畑の落ちた実を拾い集めてはならない。これらは貧しい者や寄留者のために残しておかねばならない。

……『レビ記』第一九章九〜十節

わざと残して収穫するとか、落ちた穂はあえて拾わないとか、腹をすかせた人がいないようにしようというこういったやさしい配慮は、自分たちがかつてエジプトの地で寄留者であり、虐げられて腹を空かせていた苦しい経験にもとづいている。

ちなみに、フランスの画家ミレー（一八一四〜一八七五）の有名な「落穂拾い」は、この戒律を前提にして寡婦の寄留者ルツに落穂を拾わせるストーリーを描く『ルツ記』に題材を求めたものである。*41

さて、話を戻そう。ファリサイ派が怒ったのは、麦の穂を摘むという行為をイエスの弟子たちが安息日に行ったからである。すでに話したように、安息日には収穫してはいけなかった。歩きながら麦の穂をちょっとだけ摘みとって、すりすりと揉んで皮を落として口に入れる程度であっても立派な労働としてカウントされる。だから、ファリサイ派はこの行為が許せなかったのである。

イエスはファリサイ派の非難に対して、ダヴィデの故事をもって応答する。ダヴィデと彼の部下が空腹で何も食べるものがなかったとき、祭司以外は食べてはいけない供え物のパンを彼らは食べたではないか、というのである。つまり、緊急事態のときは律法の例外的適用が認められるのだ、とイエスが応じたとまずは理解することができる。ダヴィデの場合のように我々は律法違反を犯してはいませんよ、というわけである。

*41　もっとも、ルツを助けたボアズは、「落穂拾いの邪魔をしないように言い聞かせておくので安心しなさい」というような発言をしているので、実際には落穂拾いを邪魔する人たちもいたのだろうと思われる。

ミレーの「落穂拾い」

しかし、ここではもっと根本的に律法の存在自体が問題になっていると見ることができる。仮にイエスの言い分が、自分たちのしたことはダヴィデのしたことと変わらない、ということだけだったとしたら、これは律法の適用に関する例外規定の議論をしているだけであって、そのこと自体をもって、イエスたちも律法主義の圏内にいることを意味するだろう。

しかし、おそらくそうではない。弟子たちは空腹だったとはどこにも書かれていないからである。並行記事の『マルコ』でもこの点は同じである。従って、ここに着目するなら、これは律法に抵触するかどうかの話ではなく、そもそも律法を無視しきった行為であることになる。*42

もし弟子たちが安息日であることを知りながらもあえて麦を摘んで食べたのだとしたら、それは律法主義への挑戦ということになって、律法主義と同じ土俵に立っていることになる。しかし、安息日のことが完全に頭から抜けており、何気なく麦の穂を摘んで食べただけだとしたら、これはもはや律法主義をはなから相手にしていないことになる。

律法にうるさいファリサイ派のことであるから、ダヴィデの故事を知らないはずがないだろう。だから、ファリサイ派が怒った真の理由は、イエスたちの完全な律法無視の態度がユダヤ教にとって非常に目障りで危険に思われたからであると考えることができる。

ところで、お気付きのように、イエスの発言は律法についての知識に基づいている。『福音書』のかなりたくさんの箇所において、イエスが律法学者やファ

*42 しかし、『マタイ』にも並行記事があって、実はそちらでは「弟子たちが空腹になったので麦の穂を摘んで食べた」ということになっている。ということは、『マタイ』の著者は律法を気にしていたということになる。『マタイ』の特徴については本書で論じる余裕はない。田川建三訳の『新約聖書 訳と注1 マルコ福音書／マタイ福音書』作品社、二〇〇八年の詳細な「注」と解説にゆずる。

リサイ派とやり合って論破していく様子が描写されているから、イエスの職業は父と同じで大工だったと考えられているが律法について相当に豊かな知識を持っていたことは間違いない。

このことについての面白い手掛かりが『ルカ』にある。イエスの貴重な少年時代についての記事である。

さて、両親は過越祭には毎年エルサレムへ旅をした。イエスが十二歳になったときも、両親は祭りの慣習に従って都に上った。祭りの期間が終わって帰路についたとき、少年イエスはエルサレムに残っておられたが、両親はそれに気づかなかった。イエスが道連れの中にいるものと思い、一日分の道のりを行ってしまい、それから、親類や知人の間を捜し回ったが、見つからなかったので、捜しながらエルサレムに引き返した。三日の後、イエスが神殿の境内で学者たちの真ん中に座り、話を聞いたり質問したりしておられるのを見つけた。聞いている人は皆、イエスの賢い受け答えに驚いていた。

……『ルカによる福音書』第二章四一〜四七節

この記事もひょっとしたら『福音書』の著者の誇張が入っているのかもしれないが、イエス少年が律法について大きな興味を持っていたことがわかる。両親とはぐれてしまった一二歳の子どもなら大騒ぎするはずであるが、少年イエスは神殿で律法を学んで過ごしていたからである。そして、すでに天才的な才能を発揮し始めていた様子がうかがわれるのがたいへん興味深い。
　イエスの少年時代を扱う記事は、『新約聖書』の中ではこの『ルカ』だけであるが、外典にまで目を向けると、イエスの幼少期だけを扱う『トマスによるイエスの幼時物語』がある。外典とは、ユダヤ教・キリスト教関係の諸文書のうち『聖書』にはおさめられなかったものである。『トマスによるイエスの幼時物語』は二世紀末に書かれたと思しき短い文書で、イエスが五歳から一二歳の間に行ったさまざまな奇跡や神童ぶりについての記事をいろいろ収録している。
　だから、これはイエス幼少期の貴重な資料になりそうな気がするが、とてもそういう資料としては扱えないような内容で、なにせこの物語の少年イエスは気に入らない人を呪い殺したり、先生を馬鹿にしたりする傲慢な言動に特徴があるからである。これを翻訳した八木誠一は、「歴史のイエス再構成のための史料としての価値は全くな」く、「悪魔的で高慢な少年が描かれている」という評価を下している。[*43]
　八木が「悪魔的」と評しているように、たしかにこのイエスはホラー映画の主人公になりそうな少年といえるかもしれない。読み物としてはけっこう面白いので、そういうものとして読むとよいだろう。イエス語録を真理として固定してありがたがる人からすれば、「イエス様」をホラー映画の主人公扱いにするなんてもってのほかだ！　と怒るかもしれないが、そういうものとして読む方が、これを書いた著者がどういう奇跡観を持っていたかがよくわかると思う。

＊43　八木誠一「『トマスによるイエスの幼時物語』解説」『新約聖書外典』（荒井献編）講談社文芸文庫、二〇一七年（初版は一九九七年）、四七六頁。

少なくとも、奇跡には善の奇跡だけでなく悪の奇跡もあると考えられていたことが何われてこれまた興味深い。[*44]

7　シンプルなイエス

さて、ここで「けがれ」ということについて考えみよう。たとえば、手を洗わずにものを食べるのがなぜいけないのだろうか？ それは、外にいる間にさまざまな「けがれ」が付着する、とされるからである。体に付着した「けがれ」は食べ物をけがし、従って、それを食べた人の体の中をけがすことになる。その人は「罪びと」となり、いわば人格がけがれるのである。それゆえ、食事の前には水で「けがれ」を洗い落とさなければならない。

日本でも何かと「禊《みそぎ》」という儀式が重視されるが、これは世界中に広く見られる「聖―俗」の感覚に基づくものであり、たとえば神社に参拝する前には手水《ちょうず》をして口の中と手を清めなければならない。こういった宗教的感覚については、本書の第二章で論じたアニミズム的・アニマティズム的自然宗教を思い返していただければよくわかると思う。令和の日本でも宗教的観念に強く彩られた日常生活が営まれていたのであった。

自分ではまさか「聖―俗」の感覚に基づく宗教的実践であるとは思ってもみないだろう営みの具体例を挙げよう。それはトイレである。たとえばおしっこをしたあと私たちは手を洗うが、その洗い方を観察してみると、多くの人がか

＊44　奇跡というものを相対化してみると、この記事をイエスがイチジクの木を呪って枯れさせる『マタイ』第一一章と『マルコ』第二一章の並行記事に関連付けられるかもしれない。このイチジクの記事は福音書の中でイエスが自分の奇跡的能力を破壊的に用いる唯一の箇所である。イチジク（この地方の特産品）を既存の宗教的権威の象徴として解釈したり、この記事をやがて訪れるイスラエルの崩壊の予言であると解釈したりもできるだろうが、イエスならこういう破壊的奇跡ぐらい簡単に起こせるのだと福音書著者が考えていたともとれる。いずれゆっくり考えてみたい題材である。

なりいい加減な洗い方をしていることがわかる。最近は手をかざすと自動で水が流れるタイプの蛇口が多いので、その蛇口の下にさっと手を持っていって、水でちょっと濡らすだけでおしまい、というような洗い方なのである。手を洗う目的が除菌にあるならこんな洗い方には意味がない。では、除菌のためではないのになぜこんなことをするかというと、ほんの少しでもいいから「水で手を洗う」ことをしないと「なんだか気持ち悪い」からである。

もうひとつ同様の具体例を挙げておきたい。私は子どものころ、動物の死体を見たらツバを三回吐くべし、というような「おまじない」を小学校に入学したときに上級生から教えられた。私が生まれ育った大阪北部の農村は、時代の流れもあってベッドタウン化が進んでおり、車の往来が増えてきていた。野生動物がまだ多かったので、朝の集団登校のときに車にはねられたと思われる獣の死骸をちょくちょく見かけたものである。そういうときに、みないっせいにツバを三回吐いていたのである。

なんとも馬鹿らしいと思うかもしれないが、私はこの「おまじない」を実はいまでもついやってしまう。というか、この習慣はすっかり体にしみこんでいるのでそうしないと「なんだか気持ち悪い」のである。この「おまじない」には死のケガレを排除する意味があるのかもしれないが、そういう意味付けをするまでもなく、これをしないと「なんだか気持ち悪い」。

こういう「俗信」について大量の事例を収録している『日本俗習辞典』は全三巻、総ページ数は一五〇〇に及ぶから、[*45] 私の「おまじない」と同じではない

*45　鈴木棠三『日本俗信辞典』全三巻、角川ソフィア文庫、二〇二〇〜二〇二一年。

にしても、同様の「おまじない」を習慣として行い、それをしないと「なんだか気持ち悪い」という同様の感覚を持つ人はけっこういるのではないかと思われる。

ともかく、「なんだか気持ち悪い」というこの感覚を念頭に置けば、古代人だけがとりわけおかしな観念にとらわれていたわけではない、ということもわかるだろう。この話を学生にするとかなり共感してもらえるということも言っておきたい。

さてさて、ほんとうのところはどうなのだろうか？　手を洗わずに飲食したら、私たちはけがれるのだろうか？　なぜ「ウロコとヒレのあるもの」だけが清いとされ、カニやウナギや貝類がけがれているのだろうか？　なぜ「ヒヅメが分かれていて反芻するもの」だけが清いとされ、ブタやウマがけがれているのだろうか？　ファリサイ派と律法学者はこの問いに答えてこう言うだろう。「それは律法に書いてあるからである（＝神がそう言うからである）」。

しかし、手を洗わずに食事をしても、タコヤキを食べても、人格がけがれることなどあるわけがない。古代の人たちは恐らく「聖―俗」の感覚を重視し、それを過敏に察知しながら生きていたが、イエスの時代にはそういった感覚はもはや薄れており、それは律法の中でも不可解な規定であったと考えられる。

この手の不可解さは、現代でもたとえば学校や部活などの「ブラック校則・ブラック部則」に見ることができる。女子生徒はポニーテール禁止、男子生徒は刈り上げ禁止といった髪型の規則とか、靴下の色は白限定とか、どんなに暑くても登下校時にはブレザー着用とか、バカも休み休み言えと思うが、もしかしたらこういう規則が決められたときには、今となっては忘れられてしまった何かしらの妥当な理由があったのかもしれない。もしブレザーを着用していたら死なずにすんだのに、といったような悲しい一件がかつてあり、今後はどんなに暑くても絶対ブレザーを着よう、という経緯があったのかもしれない。

部活動の方にもバカ丸出しにしか思われない規則がある。いまでもそうなのかは未確認であるが、全寮制の或るバレーボールの強豪校のバレーボール部員の一年生は、サラダにドレッシングを使うことが禁止されていた。またかつては甲子園の常連だった野球の強豪校の野球部員は、一年生のあいだシャンプーを使うことが禁止されていた。なぜこういう規則ができたのかは想像もつかないが（かつてドレッシングを大量に飲んで救急車で運ばれた子でもいたのだろうか……）、設置理由がもはや不明であり、なおかつ誰も喜ばないこういう規則は廃止するべきだというふうになると思われるが、意外にも「うちの伝統だから」と固執するバカどもの方が多いのが残念な世の常である。自分たちもそれを乗り越えて成長してきたので、同じことを後輩たちも経験したほうがきっとためになる。バカにもほどがある。

イエスはシンプルである。そんな規定は意味がない。けがれないからけがれないと言うし、けがれるならけがれると言う。それだけのことである。しかし、私たちはなかなかこのようにシンプルなものの見方をすることができない。そこでイエスはこう言う。

あなたがたは、「然りは然り」、「否は否」と言いなさい。それ以上のことは悪魔が言わせるのである。

……『マタイによる福音書』第五章三七節＊46

8　イエスの立場の哲学的前提①

以上のように、イエスの立場の特徴は、まずは「律法無視」であり、それを支えるものとして「シンプル」ということに集約されるだろう。なぜイエスは「然りは然り、否は否」というように、シンプルに、ブレずにいることができるのだろうか。イエスの「シンプルさ」がどこからきているものなのか、その哲学的な根拠とでもいえるものを取り出してみたい。

たとえばカシュルートに関して、タコはコシェルではない、というユダヤ教のきまりについて考えてみよう。

問い：なぜタコはコシェルではないのか？

答え：律法にタコがけがれていると書いてあるから。＝神が「タコはけがれている」と言ったから。

では、もし、神が反対に「タコはコシェルだ」と言ったらどうなっていただろうか？　そもそも、タコがけがれているというユダヤ人たちの理解の根拠は、

＊46　この訳は八木誠一『イエス』清水書院、一九六八年による。

「神がそう言ったから」という点にしか求められなかったのであるから、反対のことを言っても、「神がそう言ったから」というまったく同じ理由によって、「タコはコシェルだ」ということになっていたはずである。

とすると、けがれているかどうかは、実はタコ自身の問題ではないということがわかるだろう。タコがけがれているかどうかは、神が何を意志するのか、ということそれ自体にかかっているわけである。この事情を一般化すると次のようになる。

なぜそれが善いかというと、神がそれを意志したから（望むから）。
なぜそれが悪いかというと、神がそれを意志しないから（望まないから）。

一神教の神の特徴は「全知・全能・善意」である。神は善意しか持たないので、神が何を意志しようとも、その意志は善を志向するはずだから、「神が意志したものは、神が意志したというまさにその理由で、善である」ということになる。意志を重視するこのような立場を主意主義という。このように考えると、ユダヤ教の律法主義は、典型的な主意主義をベースにしているといえることになるだろう。

他方で、次のような神も考えることができる。もし神が「タコはけがれている」と知った上で、「タコをけがれているものリストに入れよう」と意志したのならどうだろうか？　この場合、逆のことは絶対にできないはずである。というのも、タコがコシェルかどうかということは神の意志とは無関係であり、タコ自身の性質を神が全知（知性）の能力で正確に認識することに基づくからである。知性認識を重視するこの立場を主知主義という。

主意主義と主知主義の対比は知っておくと便利なのであるが、いきなり難しい概念が出てきたように感じられたかもしれない。本書の最初の方で書いたように、私はなるべく難しい言葉を使わずに本書を書きたいと思っているし、専門用語も必要な場合以外は用いないという方針を持っている。専門用語というものは本来、不要な混乱や誤解を避けてピンポイントで問題を捉えることを可能にするとても便利な手段である。

たしかにここで私が主意主義と主知主義の代わりに「意志が一番大事主義」と「知性が一番大事主義」という言葉を用いたとしても、おそらくこの場所では問題なく通じると思うが、別の場所で急に「知性が一番大事主義」という言葉を使ったら、「イエスはいろいろある中でもとくに知性を重視するあたまでっかちの優等生的な人」というふうに誤解され、「人間にとってたしかに知性も重要だが、感情だって重要だ」とか、とんちんかんな意見が出てくることも予想される。

しかし主知主義という用語を使えば、論点がぐっと限定されて馬鹿げた誤解も起こらない。これこそ専門用語を用いる意義であって、専門用語はインテリが自分を格好よく見せかけるために存在しているのではない。

少し脱線したが、主意主義・主知主義という概念の見た目の難しさにうろたえてはいけない。言ってることは簡単である。たとえば、みなさんには「尊敬する人」がいるだろうか。もしいるなら、その「尊敬する人」の言うことならなんでも正しいと思える、という経験があるのではないだろうか。

さて、もしその「尊敬する人」が逆のことを言っていたとしたらどうだろうか。それでもやはり「その人が言うから正しい」とつい思ってしまうのではないだろうか。あなたの尊敬する先輩、尊敬する芸能人、尊敬するアイドルの発言は、どんなものでも「私にガンガン響く」と感じられるのではないだろうか。このときあなたは典型的な主意主義の立場にあるといえる。

逆に、いくら尊敬する先輩でも、「前に言ったことと違うことを言っている」とか、「さすがにその発言はマズいやろ」とか、その尊敬する先輩の発言を受けてこのように感じる場合もあるだろう。そのとき、あなたは「正しさ」の根拠をその「尊敬する先輩」そのものに置いていないはずだ。「正しいかどうか」は「尊敬する先輩がそれを意志する」かどうかではなく、「事柄そのものに基づく」という立場をとっているはずである。これが主知主義である。

さらに別の例で考えてみよう。たとえば、もし第二次世界大戦でドイツが勝利していたら、世界はどうなっていただろうか？　ユダヤ人大虐殺は「正しかった」とされる世界になっていたかもしれない。もし日本がアメリカに勝っていたら、現代でもアメリカ人やイギリス人を「鬼畜米英」と蔑み憎んでいたかもしれない。

しかし、仮にそんな時代が到来していたとしても、やはり「間違っているものは間違っている」と言いたいのではないだろうか。「ユダヤ人の大虐殺」を「正しい」などといえるはずがないのではないか？　ホロコーストが「悪」であるのは「ドイツが負けた」からなのではなく、ホロコーストという事柄自体の問題であって、そこにドイツが負けたことは一切関係ないのではないか？　勝っても負けてもホロコーストは「悪」なのではないか？　このように考えるとき、あなたは主知主義の立場にあるといえる。

このように分析してみると、イエスは明らかに主知主義の人である。イエスは「律法が正しいのは、それが神の意志そのものだからだ」とは考えず、「律法が正しいのは、理性的に書かれているからだ」と考えたといえる。従ってイエスは、理性的に書かれている部分についてはそれを守るだろうし、理性的に書かれていない部分に関しては、それを平然と無視するだろう。安息日を無視し、食事の規定を無視したのはこういう理由による。

だから、イエスは決して「律法無視」そのものを目的としているわけではない。きまりというきまりをすべて否定するわけではない。それは反抗期まっただ中の若造だろう。そうではない。要するにイエスは「頭では理解できませんけど、神がそう言うので従います」ではなく、「頭で理解できるので、従います。頭では理解できないので、従いません」と言っているだけなのである。なんと単純明快な立場なのだろう！

頭で理解できないのに、神や律法を持ちだしてごちゃごちゃ言う人よりも、「タコヤキを食べたら人格がけがれるなんてそんなバカげたことがあるはずがない！」と憤るイエスのほうがよほど理解しやすいだろう。イエスはきわめてシンプルに、理性的にものを言うことができた人なのだ。[*47]読者のみなさんも、イエスのかっこよさにジワジワきているのではないだろうか。

9　イエスの病気治しの活動

では、イエスはこのような前提に立って、具体的にどういった活動をしていたのだろうか。つまり、律法を無視してまで何をやろうとしていたのだろうか。それは、呪われた病気として人々に恐れられていた不治の病に罹患してしまった病人の治療行為である。『福音書』でイエスが治した病気は主に重い皮膚病、中風、精神病である。重い皮膚病にはハンセン病も含まれていた。中風とは身体の不随や麻痺、言語障害などである。

『福音書』の中にはイエスがこういった病気を治す記事がかなりたくさん収録されている。治療行為の代価としてお金はもらっていないようなので、イエスの本職はやはり大工だったのだろうが、イエスの大工仕事については『福音書』は何も伝えていない。ともかく、イエスは基本的にガリラヤ地方という場所で病気治癒を行なっていた。イエスのふるさとである可能性が高いナザレもこのガリラヤ地方の南の方にある町である。ちなみに、『福音書』の中のイエスは、「ナザレのイエス」や「ガリラヤのイエス」として人々に見られている場合が多い。

当時の人々は、不治の病はけがれや罪や悪霊に由来するものであると考えて

＊47　現代的には主知主義のほうが主意主義よりよほどまともであるように思われるが、実は主知主義にも欠陥がある。それは主知主義の場合、神は絶対的な最高の存在者ではなくなってしまうからである。主知主義の場合、神の意志を決定する根拠は神の外にあるわけなので、神にも自由にならない領域の存在が帰結してしまうのである。たとえば、主知主義の神は「1＋2＝3」にも従わなければならないが、そうである限りで、この数学的法則の存在自体が神の上にくることになるだろう。こうなると、神は絶対者ではなくなってしまう可能性がある。神を絶対者の位置に保ったまま主知主義的なまともさも同時に確保することは可能なのだろうか。この問題については、手前みそであるが、根無一信『ライプニッツの創世記——自発と依存の形而上学』慶應義塾大学出版会、二〇一七年を参照していただきたい。

いた。罹患してしまったら最後、町に居場所はなかった。要するに、こういった病人たちは、生きながらにして社会的に葬り去られてしまった人たちだといってよいだろう。イエスはこういう人たちと触れ合い、「あなたは罪びとではない」「あなたはけがれていない」と言って病気を治していたのである。

しかしいったいイエスはどのようにして不治の病を治療したのだろうか。『福音書』によれば、それは奇跡的な治療行為であった。『福音書』の中にはイエスが起こしたたくさんの奇跡についての記事が収録されており、ただの水をワインに変化させる話とか、湖面を歩くとか、嵐を叱り飛ばして鎮めるとか、そういう類の奇跡もあるのだが、奇跡のほとんどは病気治癒に関するものである。いくつか引いておこう。

さて、らい病（＝重い皮膚病）を患っている人が、イエスのところに来てひざまずいて願い、「御心ならば、わたしを清くすることがおできになります」と言った。イエスが深く憐れんで、手を差し伸べてその人に触れ、「よろしい。清くなれ」と言われると、たちまちらい病は去り、その人は清くなった。

……『マルコによる福音書』第一章四〇～四二節

それからまた、イエスはティルスの地方を去り、シドンを経てデカポリス地方を通り抜け、ガリラヤ湖へやって来られた。人々は耳が聞こえず舌の回らない人を連れて来て、その上に手を置いてくださるようにと願った。そこで、イエスはこの人だけを群衆の中から連れ出し、指をその両耳に差し入れ、それから唾をつけてその舌に触れられた。そして、天を仰いで深く息をつき、その人に向かって、「エッファタ」と言われた。これは、「開け」という意味である。すると、たちまち耳が開き、舌のもつれが解け、はっきり話すことができるようになった。

……『マルコによる福音書』第七章三一～三五節

一行がエリコの町を出ると、大勢の群衆がイエスに従った。そのとき、二人の盲人が道端に座っていたが、イエスがお通りと聞いて、「主よ、ダビデの子よ、わたしたちを憐れんでください」と叫んだ。群衆は叱りつけて黙らせようとしたが、二人はますます、「主よ、ダビデの子よ、わたしたちを憐れんでください」と叫んだ。イエスは立ち止まり、二人を呼んで、「何をしてほしいのか」と言われた。二人は、「主よ、目を開けていただきたいのです」と言った。イエスが深く憐れんで、その目に触れられると、盲人たちはすぐ見えるようになり、イエスに従った。

……『マタイによる福音書』第二〇章二九～三四節

イエスが「清くなれ！」と言うだけでハンセン病が治ってしまうのだから、これは奇跡としかいいようがないように思われる。例によって『聖書』の著者にありがちな誇張もあるだろうが、実際にほんとうに治ったものもあったに違いないと思われる。この点についてはすぐあとで論じる。

ともかく、イエスによる治療行為の対象は、罪びととして社会から排斥されてしまった、あるいはまさに排斥されようとしているような人々であった。

医者を必要とするのは、丈夫な人ではなく病人である。わたし［＝イエス］が来たのは、正しい人を招くためではなく、罪人を招くためである。
……『マルコによる福音書』第二章一七節

［あなたがたが］見聞きしていることをヨハネに伝えなさい。目の見えない人は見え、足の不自由な人は歩き、らい病を患っている人は清くなり、耳の聞こえない人は聞こえ、死者は生き返り、貧しい人は福音を告げ知らされている。
……『マタイによる福音書』第一一章四～六節

イエスの周囲に集まっていた人々とは、「罪びと」とされている人々であり、その人々とは病人や身体障害者や貧乏人、つまり社会的弱者であった。そして、そういう「けがれた罪びと」と交わっているイエス自身も「けがれた」存在であることになる。「けがれた者が触れるものはすべてけがれる」（『民数記』第一九章二二節）からである。しかしイエスにとってそんなことはどうでもよい。

イエスは律法を無視して社会的弱者に徹底的に寄り添い続ける。

10　奇跡が起きる理由

ごく最近までハンセン病は他人に感染すると考えられ、隔離政策がとられて患者たちは差別的な扱いを受けていた。いつの時代にもいるが、その特異な病状（手指や顔面の変形）は犯した罪の重さに由来すると考える人たちがこの時代にもいた。

本書の第二章でも扱ったように、現代の日本でも病気を何かの「バチ」として把握する態度はよく見られる気がする。しかし、それは個人的なものであれ社会的なものであれ、あくまで主観的なものである。「バチ」と病気を結び付ける因果関係を「事実」として断定的に提示するような人がいればきっと馬鹿にされるだろう。

しかし、当時のユダヤ社会は違った。「バチ（罪）」の概念が律法主義の手続きによって補強されてしまうと、その「罪」は客観的な「事実」として成立してしまうことになる。だから、そういう「罪びと」を社会から排除することも社会の「清さ」を保つための適正な処置であるということになる。つまり、律法主義は社会的弱者をいつまでも社会的弱者に貶め続けるような社会構造を作り出していると見ることができるのである。[*48]

そして、時代はローマの圧政下でもあった。律法主義によって貶められてい

＊48　強引に「事実」を作り出すという点では、古代や中世の日本の朝廷も同じであった。たとえば朝廷における惨事、疫病の蔓延、水害や火災などが発生した場合、それはときの朝廷に恨みを持った怨霊の仕業であると考えられる場合が多かったのであるが、そう考えられただけでなく、朝廷が公式見解としてその惨事はだれだれの怨霊によるものだと発表した。この公式見解に異を唱えることは許されなかった。つまり、「怨霊の仕業」であるということが「事実」として成立していた時代が日本にもあったのである。

た社会的弱者は、ローマの圧政によってさらに搾り取られ、ますますきびしい生活を強いられていた。時代劇などでよく目にするが（ここのところすっかりテレビで時代劇を見かけなくなったが……）、悪代官に年貢をしこたまぶんどられる極貧の小作人を想起すればいいだろう。土下座をし、あと少しだけ待って欲しい、そうしたらきっと納めますから、と役人たちに嘆願するが、聞き入れてもらえずに何発も殴られた挙句、借金のカタとして一人娘を連れて行かれるといったようなシーンである。

実際、『福音書』の中にはまさにこのシーンそのものを描写していると思われる記事がある。あまりに有名な「右の頬を殴られたら左の頬も殴らせよ」のシーンである。

しかし、わたしは言っておく。悪人に手向かってはならない。だれかがあなたの右の頬を打つなら、左の頬をも向けなさい。あなたを訴えて下着を取ろうとする者には、上着をも取らせなさい。だれかが、一ミリオン行くように強いるなら、一緒に二ミリオン行きなさい。求める者には与えなさい。

……『マタイによる福音書』第五章三九～四二節

イエスのこの発言の少しあとに「敵を愛し、自分を迫害するもののために祈りなさい」という有名なフレーズが続くので、この「右の頬を殴られたら左の頬も殴らせる」と「愛敵」をセットにしてとらえ、これが「隣人愛」であると理解している人が一般的に多いように思われる。「右の頬を……」のセリフを「美しい言葉」として受け取り、敵を許せる綺麗な心を持てるようになりましょう、と「愛」を説くのがキリスト教だというわけである。

キリスト教もキリスト教で、これを「美しい言葉」として紹介するから、こんな気味の悪い愛の宗教はゴメンだ、と言われてしまうのであって、そもそもこれを「美しい言葉」としてありがたがる必要もないし、逆に「暴言」として拒否する必要もない。これらのどちらの反応も、イエスがこういった発言をした背景・文脈を考えずに、イエスの発言をそのまま切り取って固定して判断している点で、イエスの言葉を抽象的・理念的に扱っているにすぎない。

ここはさきほど言及した極貧小作人一家を念頭に置いて読む方がよほどリアルである。つまりこの箇所は、借金を返せず売り払うものがもはや何もないような極貧の家に借金取りがやってきて、返済の金を用意できていない小作人を殴りつけたという一件に対し、イエスの激しい憤りが噴出している箇所なのである。[*49]

返済しようにも返済する金はない。ここのところ不作続きで実りが少なく、頼りの現金収入がほとんどない。しかも、ローマの役人が年貢を納めろといって、やっと収穫したわずかな作物を奪っていく。手元には借金取りにもう渡せるものがない。だから、このさい、右を殴られたらついでに左も殴らせてやれ。そのほうが借金取りの気が済んで、こちらの被害が最小限で済む。無駄に抵抗

＊49　このような解釈は田川建三『イエスという男』作品社、二〇〇四年から学んだ。この解釈によって私のイエス理解の方向性は定まった。「はじめに」でも書いたが、この本は若いときに出会えてよかった本の一つである。

して相手を怒らせ、一人娘まで奪われたらおしまいだ。よし、ついでに着ている服もくれてやれ。荷物を運べと言われたら、言われなくてもサービス残業で倍の距離を行ってやるよ！　こういう屈折した貧乏人のどうにもならない悔しさをイエスは激しい憤りでもって代弁しているのである。

ここまでひどくないにしても、現代においても似たような状況がいくらでもあるだろう。下請けの中小企業が発注元の大会社から無理難題を突き付けられるような事態を想起してみればよい。今日も大会社の営業マンがいつものように夕方にやって来る。いい服を着てでっぷり太った営業マンだ。ふんぞりかえっていかにもえらそうな態度で、明日の昼までに納品してくれと言う。明日の昼までだと!?　今何時だと思っている。あと一時間で終業時刻だぞ。くそ！　自分の立場をいいことに、徹夜で作業しろと命令しているようなものではないか。しかし、できないと言って断ったら取引を打ち切られてしまう。社員のみんな、申し訳ないけど残れる人は残って作業を続けてもらえないだろうか……こういう「ブラック」な世の中を作り出す連中をイエスは断罪しているのである。

やや脱線気味になってしまったが、イエスが治した病人の中に精神病と考えられる人がかなりいたという福音書著者の証言は、こういう悲惨な生活状況の中で精神をすり減らしながらギリギリのところで生きていた人が多かったことの証拠でもあると考えられる。

皮膚病もそうである。現代の心療内科の知見は、心理作用だけで皮膚病が発生することを教えてくれる。[*50]「罪びと」の烙印とローマの過酷な支配によって

＊50　池見酉次郎『心療内科』中公書房、一九六三年の中のとくに「心と病」の章を参照。

感じざるをえなかった激しいストレスによって皮膚病に罹患することは十分にありえただろう。

こういう社会状況を理解したうえでイエスの治療活動を改めて眺めてみると、イエスは「病は気から」の「気」の部分にアプローチしていることがわかる。イエスのようなとてつもなく大きな人格的存在が確信をもって「あなたは罪びとではない」「あなたはけがれてはいない」「罪を犯したゆえに病気になったというのなら、そんなバカげた罪はこの私が消し去ってやろうじゃないか！」と断言すれば、もしかしたらそれだけでほんとうに治った場合もあったのだろうと思われる。そうでないと、ここまでたくさんの奇跡的治癒のエピソード（四つの『福音書』の中にのべ一一五もある）が伝承されるはずがないように思う。

さらには、ほんとうは治っていないにしても、あたかも治ったかのような気持ちになり、それですでに十分救われたと感じてイエスに感謝した人もきっといたはずである。「罪びと」として社会から排斥され、絶望の気持ちで闘病生活を送っていた人にイエスは平然と話しかけ、触れ合った。彼らにとっては、「普通に」接してくれること自体がすでに奇跡のようなものであったことだろう。

同様に、「正しい人」に罵倒されて死んでいった「罪びと」の家族は、イエスの言動に触れて救われたに違いない。未亡人が「死んだ夫は罪びとではなかったのだ」という安心を得ることは、「死者が生き返った」も同然の出来事であっただろう。

はっきり言っておく。人の子らが犯す罪やどんな冒瀆の言葉も、すべて赦《ゆる》される。

……『マルコによる福音書』第三章二八節

律法主義によって「罪びと」や「神の冒瀆者」として社会から排除された人たちは、そもそも何の罪を犯してないし、神を冒瀆してはいない。なぜなら、彼らを「罪びと」「冒瀆者」たらしめた律法主義の原理そのものが根本的に間違っているからである。だから、「すべて赦される」のは当たり前なのだ！

イエスが起こしたとされている奇跡の内実をこのように理解しておけば『聖書』につまずくことはないだろうし、本書のまえがきで話したように、イエスを超能力者として見なさない方がむしろ『聖書』の著者たちが伝えたかったことの核心部に肉迫することができるのではないだろうか。

11 「真面目な人」の落とし穴

安息日にしてはいけないことが律法によってこまごまと規定されているということはすでに見た。もちろんイエスは治療行為を安息日にも行う。

イエスはそこを去って、会堂にお入りになった。すると、片手の萎えた人がいた。人々［＝ファリサイ派の人々］はイエスを訴えようと思って、「安息日に病気を治すのは、律法で許されていますか」と尋ねた。

そこでイエスは言われた。「あなたたちのうち、だれか羊を一匹持っていて、それが安息日に穴に落ちた場合、手で引き上げてやらない者がいるだろうか。人間は羊よりもはるかに大切なものだから、安息日に善いことをするのは許されている。」

そしてその人［＝片手の萎えた人］に、「手を伸ばしなさい」と言われた。伸ばすと、もう一方の手のように元どおり良くなった。ファリサイ派の人々は出て行き、どのようにしてイエスを殺そうかと相談した。


……『マタイによる福音書』第一二章九～一四節

『マタイ』のこの記事については『マルコ』にも『ルカ』にも並行記事が見られ、そこでは「安息日に律法で許されているのは、善をおこなうことか、悪をおこなうことか」と記されている。つまり、安息日であろうとなかろうと、「善いこと」をするかどうかだけがイエスにとって問題なのである。律法が善行を阻むのもまた本末転倒だからである。

こういった本末転倒が生じる原因は要するにエゴイズムにある。「自分は真面目に生きている」という自負が大きければ大きいほど、その人は本末転倒におちいることになる。次の『ルカ』の記事を見れば、イエスがそういうエゴイズムを厳しく糾弾していることがわかる。これは、真面目なファリサイ派と、「罪びと」である徴税人、どちらが神に救われるかという話である。ちなみに徴税人とは、ローマ帝国あるいは領主へ納める税金の取り立て業務を担ったいわば下請けの末端職である。彼らは自分たちを支配する異邦人のために働いている「罪びと」としてユダヤ人から恨まれ、また異邦人と接触するために「けがれている」と蔑まれていた。不当に税金を取り立てて私腹を肥やす連中もいたらしく、余計に恨まれていたようである。

自分は正しい人間だとうぬぼれて、他人を見下している人々に対しても、イエスは次のたとえを話された。「二人の人が祈るために神殿に上った。一人はファリサイ派の人で、もう一人は徴税人だった。ファリサイ派の人は立って、心の中でこのように祈った。『神さま、わたしはほかの人たちのように、奪い取る者、不正な者、姦通を犯す者ではなく、また、この徴税人のような者でもないことを感謝します。わたしは週に二度断食し、全収入の十分の一を献げています。』

ところが、徴税人は遠くに立って、目を天に上げようともせず、胸を打ちながら言った。『神様、罪人のわたしを憐れんでください。』言っておくが、義［＝正しい］とされて家に帰ったのはこの人であって、あのファリサイ派の人ではない。だれでも高ぶる者は低くされ、へりくだる者は高められる」

……『ルカによる福音書』第一八章九～一四節

このファリサイ派の人は極めて真面目な人間であったに違いない。誰でもついやってしまう小さな悪でさえ無縁であるし、しかもさらに毎週二回断食し、多額の献金をし、罪滅ぼしをする。もはや一ミリの悪もないかのように見える。しかし、イエスはこの人を「正しい」とは見なさない。なぜなら、このファリサイ派の人は自分の高潔さを鼻にかけて徴税人を見下しているからである。

おそらくこういうファリサイ派の人々は言行一致を心掛け、救われたいなら律法を遵守せよという考えを愚直に実行していたのだと思われる。そして、この言行一致を誇っていたに違いない。それゆえ、救われたいと思っているにもかかわらず律法を守らない人たちを言行不一致のかどで非難していたのであろう。

しかし、「守りたくても守れない」ような社会的弱者を産み出しているのはそもそも彼ら宗教的上位者である。言い換えると、彼らは社会的弱者を「守りたくても守れない」状況におとしいれた上で、「守れない」ことを非難するのである。こんな卑劣なやり方があろうか。だからイエスは大いに憤慨し、こう言い放つ。

律法学者とファリサイ派の人々、あなたたち偽善者は不幸だ。白く塗った墓に似ているからだ。外側は美しく見えるが、内側は死者の骨やあらゆる汚《けが》れで満ちている。このようにあなたたちも、外側は人に正しいように見えながら、内側は偽善と不法で満ちている。

……『マタイによる福音書』第二三章二七〜二八節

少し前に見たように、「隣人愛」の本家はユダヤ教である。イエスの少し前の時代のラビ（ユダヤ教の宗教指導者）であるヒレルという人は異教徒に「ユダヤ教の真髄は何か」と問われて「自分にとっていやなことは、隣人に対してもなさぬがよい。これが真髄であり、他はすべて注釈である」と言ったと伝えられている。また、イエスのあとの時代のアキバというラビは「おのれの如く汝の隣人を愛すべし。これこそ、律法の中で最も重要で、かつ包括的な基本の戒めである」という言葉を残している。*51 隣人に対する思いやりを軸にする宗教がユダヤ教なのであるから、ユダヤ人なら「隣人愛」という概念の重要性ぐらい理解しているはずなのである。

イエスはユダヤ教徒であったが、そのイエスはユダヤ教徒に殺されたようなものであるから、『福音書』の著者たち、つまりクリスチャンたちはもちろんユダヤ教に対して批判的な立場をとる。だから、当然ながらイエスを持ち上げ、ユダヤ教を意図的に低く扱っている。著者たちはユダヤ教を偽善そのものだというような筆致で描くわけであるが、興味深いことに、まともなユダヤ教徒がいたことも少しではあるが記している点は強調されるべきだろう。*52 キリスト教のことを説明する場合、どうしてもイエスの律法主義批判が軸になるから、ユダヤ教がいかに悪い宗教かという論調になってしまう傾向があるように思われるが、一部の偏屈な律法主義をもってユダヤ教全体を代表させてはいけないと

＊51　この二人の言葉については田川建三『イエスという男』作品社、二〇〇四年、三六頁と滝川義人『ユダヤ教を知る事典』東京堂出版、一九九四年、三四頁参照。

＊52　例えば『マタイ』第九章一八〜二六節、『マルコ』第一五章四三〜四六節、『ルカ』第七章二〜一〇章、『ヨハネ』第一二章四二節など。それぞれに並行記事がある場合もあるので、延べ数ではけっこうな分量になると思われる。

思う。

イエスは主知主義の人であって、律法学者やファリサイ派を問答無用に批判したわけではなかろう。「然りは然り、否は否」と言えるのがイエスであるから、いいものにはいいと言ったはずである。イエスが糾弾したのは、宗教的上位者が己の真面目な言行一致を見せびらかして物を言うエゴイズムであり、そのエゴイズムと表裏一体の見掛け倒しの愛である。

イエスの愛は見掛け倒しではない。当時のあの状況の中で、律法を無視して社会的弱者に寄り添うことができたイエスの愛は、社会的弱者を「罪びと」として切り捨てて誇らしげな連中の「愛」に比べると、いかに温かいかがわかろうというものだ。要するに、イエスのシンプルな立場は愛によって貫かれているのである。

やっとここまで辿り着いた。これでようやくあの有名な話を紹介することができる。『ルカ』が伝える「善いサマリア人のたとえ」である。やたら親切なサマリア人が登場する話であり、キリスト教の精神をよく表現しているというように認識されていることもあって、内容を知っている読者もいるかもしれない。この「たとえ話」を慎重にひもとけば、イエスが愛というものをどのように考えていたかがよくわかる。次章ではこの「たとえ話」を手掛かりにして、イエスの立場をさらに深掘りしていくことにしたい。

第6章 愛を語らないイエス

1 「善いサマリア人のたとえ」
2 なぜ祭司とレビ人は瀕死のユダヤ人を避けたのか
3 「隣人愛」のオリジナル
4 愛について
5 愛を語らないイエス
6 大酒飲みのイエス
7 水をワインに変える奇跡
8 私の師匠

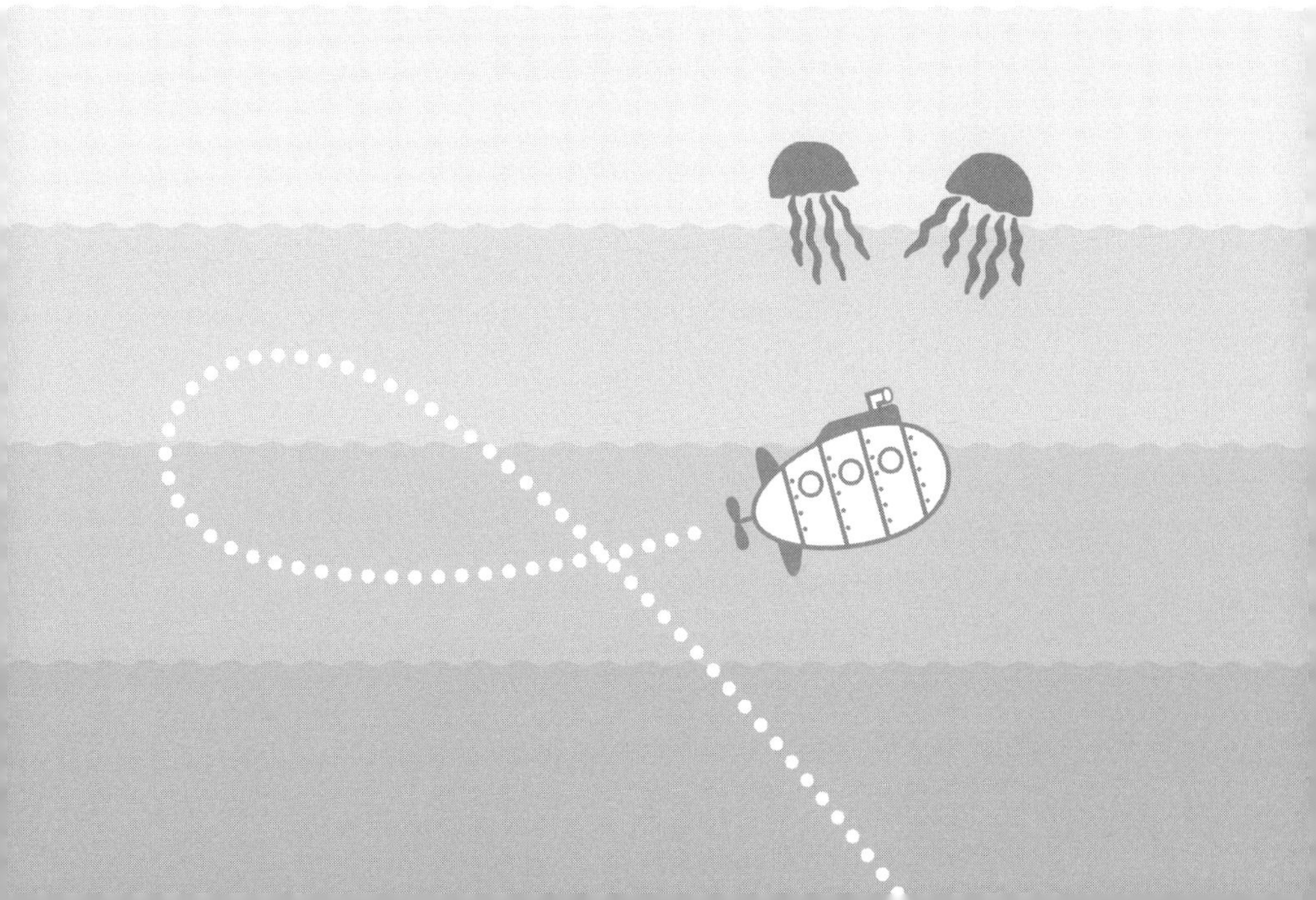

ネム船長の羅針盤

イエスは「罪びと」のところへ赴き、彼らの病気を治癒し、そして一緒に飲み食いした。社会から排除された「罪びと」は、そういうイエスの態度にはさぞ救われたに違いない。

「ファリサイ派の人々や律法の専門家は〔…〕人の子が来て、飲み食いすると、『見ろ、大食漢で大酒飲みだ。徴税人や罪人の仲間だ』と言う」

……『ルカによる福音書』

1　「善いサマリア人のたとえ」

前章では、律法主義の根本的な問題点としての「エゴイズム」に注目した。エゴイズムのあるところに「愛」があるはずがない。「わたしはえらい」と言って他人を見下す人が誰かにほんとうに愛されるはずがないし、誰かをほんとうに愛することもできるはずがない。同じように、神に愛されるはずがないし、神をほんとうに愛することもできるはずがない。

とすると、真に「愛され」そして「愛する」ことができるのは「エゴイズム」

と無縁の人であるはずだ。それはどのような人なのだろうか。言い換えると、どのような人が「神の国」にふさわしいのだろうか。

まずは『新約聖書』の中でもとくに有名な箇所の一つである「善いサマリア人のたとえ」を紹介しよう。この寓話によって、イエスが「愛」をどのようなものとして考えていたのかがわかるからである。


すると、ある律法の専門家が立ち上がり、イエスを試そうとして言った。「先生、何をしたら、永遠の命を受け継ぐことができるでしょうか。」イエスが、「律法には何と書いてあるか。あなたはそれをどう読んでいるか」と言われると、彼は答えた。「『心を尽くし、精神を尽くし、力を尽くし、思いを尽くして、あなたの神である主を愛しなさい、また、隣人を自分のように愛しなさい』とあります。」イエスは言われた。「正しい答えだ。それを実行しなさい。そうすれば命が得られる。」しかし、彼は自分を正当化しようとして、「では、わたしの隣人とはだれですか」と言った。

イエスはお答えになった。「ある人がエルサレムからエリコへ下って行く途中、追いはぎに襲われた。追いはぎはその人の服をはぎ取り、殴りつけ、半殺しにしたまま立ち去った。ある祭司がたまたまその道を下って来たが、その人を見ると、道の向こう側を通って行った。同じように、レビ人《びと》もその場所にやって来たが、その人を見ると、道の向こう側を通って行った。ところが、旅をしていたあるサマリア人《じん》は、そばに来ると、その人を見て憐れに思い、近寄って傷に油とぶどう酒を注ぎ、包帯をして、自分のろばに乗せ、宿屋に連れて行って介抱した。そして、翌日になると、デナリオン銀貨二枚を取り出し、宿屋の主人に渡して言った。『この人を介抱してください。費用がもっとかかったら、帰りがけに払います。』さて、あなたはこの三人の中で、だれが追いはぎに襲われた人の隣人になったと思うか。」律法の専門家は言った。「その人を助けた人です。」そこで、イエスは言われた。「行って、あなたも同じようにしなさい。」

……『ルカによる福音書』第一〇章二五〜三七節

とりあえずわかるのは、たまたま通りかかった優しい人が困っている人を助けたということである。この「たとえ話」には、困っている人には親切にしましょうねという教訓の意味もたしかにあるかもしれないが、これはその程度の「いい話」なのではない。むしろ、この「たとえ話」の本質は「いい話」であることにはない。そうではなく、「いい話」に見せかけた強烈な皮肉、あるいは批判、こういったことにこの「たとえ話」の醍醐味がある。

まず、この話はイエスと「律法の専門家」との対話であるという点が重要である。「救われるために何をすべきか」とイエスに訊く「律法の専門家」に対して、イエスは「律法にはどう書いてあるか」と問い返す。この質問に対して「律法の専門家」は「心を尽くし、精神を尽くし、力を尽くし、思いを尽くして、あなたの神である主を愛しなさい、また、隣人を自分のように愛しなさい」と答えたわけであるが、この言葉の元ネタはもちろん『旧約聖書』にある。

前半部の「心を尽くし、精神を尽くし、力を尽くし、思いを尽くして、あなたの神である主を愛しなさい」は『申命記』の中に、後半部の「隣人を自分のように愛しなさい」は『レビ記』の中にある。

聞け、イスラエルよ。我らの神、主は唯一の主である。あなたは心を尽くし、魂を尽くし、力を尽くして、あなたの神、主を愛しなさい。

……『申命記』第六章四～五節

復讐してはならない。民の人々に恨みを抱いてはならない。自分自身を愛するように隣人を愛しなさい。わたしは主である。

……『レビ記』第一九章一八節

「律法には何と書いてあるか」というイエスの質問に対し、「律法の専門家」は律法の中でも「神を愛しなさい」「隣人を愛しなさい」というこの二つが重要だと答えたわけであるが、もちろん彼は「律法の専門家」であるから何が重要なのかぐらいは知っている。知っているのにわざわざイエスに尋ねたのは、この記事の冒頭に書いてあるように「イエスを試そう」という魂胆があったからである。

イエスは最初この「律法の専門家」に対して本気で応答していないような気

がしないでもないが、彼が「では隣人とは誰のことですか」と食い下がってきたから、イエスの批判的精神に火がついたのだろう。ここで例の「たとえ話」が導入されることになる。

こういう文脈に注意すると、この「たとえ話」は「律法の専門家」、つまり宗教的上位者たちの見掛け倒しの「隣人愛」を激しく皮肉り、批判しようとしたものであるということがわかる。先に言っておくと、イエスが言いたかったのは、「あなたたちが実践している隣人愛なんていうのは、実のところまったく隣人愛なんかではないのですよ」ということである。

2　なぜ祭司とレビ人は瀕死のユダヤ人を避けたのか

この「たとえ話」の中で追いはぎにやられたのはユダヤ人であり、その瀕死の状態のユダヤ人を助けたのはサマリア人である。本書の中でもすでに解説したが、サマリア人とはどういう民族であったかがこの「たとえ話」の理解にとってまずは重要である。サマリア人は北イスラエル王国滅亡後に異民族と混血した「元ユダヤ人」で、異民族の影響を受けて「正統ユダヤ教」から離れていった「異邦人」であった。

バビロン捕囚に耐えて「純血」を守り抜いたことを誇る南ユダ王国の「正統的ユダヤ人」からすると、サマリア人は「邪教」に染まった「罪びと」である。だから、ユダヤ人たちはサマリア人を軽蔑し、触れることはおろか、口さえ聞かない、という排斥的な態度をとっていた。しかし、瀕死のユダヤ人を助けたのは、ユダヤ人に「罪びと」扱いされていたサマリア人なのであった。

この「たとえ話」には他に祭司とレビ人が登場する。厳密には追いはぎと宿屋の主人も登場人物であるが、その人たちの属性についてはいいだろう。祭司とレビ人とはどのような人であったのだろうか。当時のユダヤ教はエルサレムの神殿を中心として営まれており、祭司はその中心にいた身分の人たちである。神と人との仲介者としての役目を担い、人々に代わって神に礼拝と供え物をささげ、祭儀をつかさどっていた。レビ人は祭司ほど身分は高くなかったようだが、神殿宗教の公務担当として、やはりユダヤ教の中核にいた人たちであると考えることができる。瀕死のユダヤ人を見捨てたのはユダヤ教中枢部の人たちであった。

さて、ではなぜ祭司やレビ人は瀕死のユダヤ人を見捨てたのだろうか。同じユダヤ人であるのに、なぜ助けようとしないのだろうか。少なくとも、彼らは面倒を背負い込みたくない薄情な人間だったといえるだろうが、イエスはこの「たとえ話」を語ることによって単に彼らの薄情さを批判したかったのではない。このくだりを理解するポイントは「けがれ」である。彼らの念頭には『旧約聖書』のこの箇所が念頭にあったに違いない。

主はモーセに仰せになった。アロンに告げなさい。あなたの子孫のうちで、障害のある者は、代々《よよ》にわたって、神に食物をささげる務めをしてはならない。だれでも、障害のある者、すなわち、目や足の不自由な者、鼻に欠陥のある者、手足の不釣り合いの者、手足の折れた者、背中にこぶのある者、目が弱く欠陥のある者、できものや疥癬のある者、睾丸のつぶれた者など〔…〕、以上の障害のあるものは誰でも、主に燃やしてささげる献げ物の務めをしてはならない。〔…〕彼には障害があるから、垂れ幕の前に進み出たり、祭壇に近づいたりして、わたしの聖所を汚してはならない。

……『レビ記』第二一章一六〜二三節

祭司やレビ人は職業上、「けがれ」に対して相当敏感であっただろう。神の聖域をけがしてはならないからである。身体に障害がある者を慎重に避けなければならない。けがれているからである。つまり、祭司やレビ人にとって、この瀕死のユダヤ人はけがれていたのである！

かくして、瀕死のユダヤ人は祭司やレビ人に見捨てられるべくして見捨てられた。自分はけがれた存在になってしまったことに気付いたに違いない。そして、けがれた人間としてユダヤ社会から排斥されたことも自覚したに違いない。そして、今まで大事にしてきた律法主義というものの非人間性も悟ったに違いない。

律法主義の非人間性を理解したからこそ、彼は「けがれた」サマリア人の介抱を受け入れることができたのである。サマリア人は別に「けがれている」わけでも「罪びと」であるわけでもなんでもなかった。ただの人であり、それ以上でもそれ以下でもなかった。そして、自分の隣人になってくれた人であった。

3 「隣人愛」のオリジナル

「隣人愛」というとキリスト教の重要概念だと考える人が多いが、すでに述べたようにこれはもともとユダヤ教の概念である。『旧約聖書』の中に出てくる概念であることは前節で確認したとおりであるが、今一度引いておく。

> 復讐してはならない。民の人々に恨みを抱いてはならない。自分自身を愛するように隣人を愛しなさい。わたしは主である。
>
> ……『レビ記』第一九章一八節

問題はこの『レビ記』で言われている「隣人を愛しなさい」の「隣人」とは誰のことかという点にある。

ユダヤ人たちは常に敵に囲まれる歴史を経験してきた。だから、ユダヤ人たちは周囲の敵に対して備えるために常に団結する必要があった。それゆえ、「隣人愛」というのはユダヤ人同士を結び付けるための「同胞愛」なのであって、一般に考えられるような「博愛」では決してなかったのである。

このように、ユダヤ教の従来の意味での「隣人愛」は「仲間内での同胞愛」であり、敵に対してはその「同胞愛」を発揮して撃退することが目指されたといえる。従って、ユダヤ教の従来の意味における「隣人愛」は「博愛」や「愛敵」どころか、むしろ「憎敵」と表裏一体であるといえるだろう。

しかし、イエスがこの「隣人愛」を「博愛主義」へ昇華させたというわけではない。イエスは「隣人」とはそもそも一体だれなのか、敵はいったいどこにいるのか、と鋭く問いかけただけであるといってよい。追はぎにあった瀕死のユダヤ人は、仲間であるはずの祭司やレビ人に見放され、敵であるはずのサマリア人に助けられた。ユダヤ人の常識ではサマリア人は敵である。しかし、ほんとうは味方ではないのか？　単に人の意見に従っているだけで、自分の頭でろくに考えもせず、さも自分が正しいかのようにものを言うのをやめよ！　とイエスは言いたかったのであろう。主知主義者イエスならではの痛烈な批判である。

以上のように見てみると、イエスが説く「隣人愛」は「博愛主義」ではなかったことがわかる。キリスト教といえば「隣人愛」、「隣人愛」といえば「博愛主義」という理解が一般的かもしれないが、イエス自身はユダヤの伝統的「隣人愛」を解釈し直すことによって、「常識を疑え」という点を第一に強調したのかもしれない。イエス自身は「人類全員を愛せ」などとは言っておらず、「隣人とはだれか？」と問うただけだからである。イエスのこの批判的精神から出た言葉を、のちのクリスチャンが「博愛主義」として解釈しただけのことである。イエスはクリスチャンではなかった。

4　愛について

イエスがこの「たとえ話」を「律法の専門家」にぶつけたのは、宗教的上位者が実践していると自負している「隣人愛」の偏狭さを暴露することが直接の目的であったといえるが、私たちはこの「たとえ話」から、イエスが愛というものをどのように考えていたのか、ということをうかがい知ることができると思われる。つまり、このサマリア人の行為から具体的にどのような愛を読み取ることができるか、これを次に考察してみたい。

少なくとも、この「たとえ話」からは、愛とは自分の好きな人に親切にすることではないというイエスの主張を取り出すことができると思われる。別の箇所の記事ではあるが、イエスの次の言葉がいい解説になっているだろう。

> 自分を愛してくれる人を愛したところで、あなたがたにどんな恵みがあろうか。〔…〕自分によくしてくれる人に善いことをしたところで、どんな恵みがあろうか。
>
> ……『ルカによる福音書』第六章三二～三三節

自分を愛してくれる人を愛することは簡単である。だから、それはべつに特別なことでもなんでもない。ひとまずそう理解できるが、もう一歩突っ込んだ解釈も可能だろう。つまり、この手の愛というのは条件的なものである、ということである。私を愛してくれるから私もその人のことを愛するのだとすると、その裏返しで、私を愛してくれないなら私はその人を愛することはない、ということになるだろう。

同じく、自分によくしてくれる人に善いことをするのも簡単であるが、これもまた条件的である。自分によくしてくれないならその人に親切にすることはない、と言っているようなものだからである。

それゆえ、イエスの言っている愛とはこのような条件付きの愛ではなく「無償の愛」だと規定したくなる気持ちはわかるが、それは早とちりである。というのも、すでに見たように、イエスはべつに「博愛主義」を説きたかったわけではないからである。とすると、イエスが条件付きの愛や親切心を否定するのは、そういう態度では決して実践できない行為を促したいからだと考えることができる。

それは何か。イエス自身が答えである。つまり、苦しんでいる人、虐げられている人、つまり「罪びと」として蔑まされている人のところへ行き、そういう人たちに温かく寄り添うことである。こういう行為こそ、この社会で一番求められていることなのだ、こういう愛こそ一番必要なのだ、と言いたかったのではないだろうか。

なぜイエスはこのような愛を実践できるのだろうか。それはおそらくガリラヤという土地に理由がある。すでに触れたが、ガリラヤと呼ばれる場所は北イスラエル王国にあった。北イスラエル王国は滅亡後に異民族の影響を大きく受けた土地である。歴史的には少々複雑な経緯があるようだが、いずれにしても、首都サマリアと同様にガリラヤが異民族の影響を受けた場所であることに変わりはない。

ガリラヤは、ハスモン朝イスラエル王国がセレウコス朝シリアからの独立後に異民族から「奪還」して王国に併合されたが（BC一〇四）、サマリア人が南ユダ王国の「正統ユダヤ人」から差別されてきたように、ガリラヤの人々もまた差別の対象だった。ユダヤ人にとってガリラヤは貧しい「地の民」が住む「異邦人の地」であり、「ガリラヤからは何もよいものは出てこない」と見下されていたのである。＊53

イエスの出生地をベツレヘムとする『マタイ』と『ルカ』の記事が、救世主はダヴィデの町から出るという言い伝えを取り込んだ創作かもしれないという点には言及したが、もっといえば、「キリスト」がガリラヤという「異邦人の地」から出てきたという事実が当時のクリスチャンたちにとって都合が悪かったという事情もあったのかもしれない。

ともかく、イエスはそういう土地に生まれ育ったと考えると、イエスのことをはるかによく理解できるように思う。「異邦人」はユダヤ教徒ではないので当然「けがれた」存在である。そういう場所で幼いころから暮らしてきたイエスは、多くの「異邦人」と触れ合っただろう。もちろんイエスの時代にはガリラヤに住む人がすべて「異邦人」であったわけではなく、併合後はむしろ集中

＊53　この点については高尾利数『イエスとは誰か』ＮＨＫ出版、一九九六年、六八頁参照。

的にユダヤ化政策がとられたので、ユダヤ化した人もたくさんいた。

問題は、いくらユダヤ化したとはいえ、エルサレムからやってきたような「正統ユダヤ人」にとっては、そういうユダヤ人は「格下」に見られて結局ユダヤ社会全体の中では差別されることになる、という人間社会の力学である。建前上は平等を装ってはいても、内心密かに区別して、自分たちを上に置こうとするいやらしい連中は今でもたくさんいる。

イエスはこういういやな世の中を見て育ったに違いない。イエス自身はユダヤ教徒ではあったが、きっと「正統ユダヤ教徒」から見下され、場合によっては「異邦人」と関係を持つ「けがれた」存在として邪険に扱われた過去があるに違いない。大工を生業にしているのであれば、地域のいろいろな住人と関わるに違いないからである。

あるいは、無学なゆえに律法を守れない自身を恥じたことがあったのかもしれない。少年イエスがあれほど熱心にエルサレムの神殿で律法学者に学んでいたことは、こういう状況を想定すればスムーズに理解できると思われる。*54 つまり、イエスが病気治癒の活動を本格始動させる前の段階では、イエス自身、「けがれた」存在であることに苦しんでいたのかもしれない。

いや、もしかしたら真相は逆かもしれない。つまり、ガリラヤ併合後に行われた集中的なユダヤ化を指導した律法主義者に馬鹿にされた「地の民」を、少年イエスも律法主義者とともに見下していた時期があり、そのことへの罪の意識に苦しんでいたのかもしれない。イエスは活動の最初の段階で洗礼者ヨハネ

＊54　『ルカ』の記事が伝える一二歳のイエスについての私の見解はそれほど的外れではないと思うのだが、あくまで想像にすぎない。同じような主張をもっと丁寧な論証に基づいて行なっている論者がいるかもしれないが、不勉強の故に私は知らないので、今後の勉強課題にしたいと思っている。

に洗礼を受けているが、それは罪の意識のゆえのことだったと考えることも可能だろう。

前章で紹介した『トマスによるイエスの幼時物語』では、幼年のイエスが先生というものをはなから相手にせず馬鹿にするようなシーンが描かれているが、一般的に言って賢い子どもには往々にしてあることだろうと思われるから、少年イエスにももしかしたらそういう時期があったことをこの『トマスによるイエスの幼時物語』は伝えていると見ることもできるだろう。

少し考えてみたらわかるが、生涯を通してずっと正しいことだけをしており、一度も悪いことをしていない人なんてまずいない。私自身がそうだからよくわかるのだが、大小さまざまな悪を行なってきた自分がまずあって、その反省の上にいまの自分がある。たとえば、私は小さい頃から手先が器用で、それなりに利口だったので、小学校一〜二年生のときの図工の時間は自分には簡単すぎてまったくおもしろくなかったので、先生の説明にはまるで耳を貸さず、授業全体で行う作業を五分ぐらいで先に済ませて、勝手に友達の作業を手伝ったりしていた。先生より明らかに私の方が器用だとうぬぼれており、先生を馬鹿にしていたのである。

同じようなことは小学校高学年になるともっとあった。その頃には先生の「頭の悪さ」がいちいち目について、自分の方がよほど賢いと内心思っていたこともあった。イエスほどの大天才なら、先生の「頭の悪さ」や「地の民」の律法に対する理解力の低さにうんざりしていたのかもしれない。

そうすると、『トマスによるイエスの幼時物語』は八木誠一の言うようには「歴史のイエス再構成のための史料としての価値は全くない」わけでもないことになるが、それはともかく、いま最も肝心なのは、イエスは或るときそういう自分を猛烈に反省して、そして自分の中にある悪の存在に気付いたのではないかということである。自分で悪を行なっていたからこそ、その悪の悪さをよく理解できることだってあるだろう。少なくとも私はそうである。少年イエスはむしろかつて律法主義者のような態度で幼馴染や先生を馬鹿にしたことがあり、それゆえにこそ、律法主義の問題性を悟ることができたのかもしれない。＊55

このように考えることができるとするなら、イエスの苦しみは二重であったことになる。ガリラヤ人として正統ユダヤ教徒から馬鹿にされた苦しみと、自分自身が同郷の人たちを馬鹿にしてしまっていたことを悔いる苦しみである。イエスによる愛の実践的活動の起点には、イエス自身の苦しみがあったと見てもよかろう。

5　愛を語らないイエス

興味深いことに、実はイエス自身は『福音書』の中で「愛」という言葉を使って自分の主張を行なうことはほとんど行っていない。このことの意味を考察する前に、『新約聖書』というものについて簡単に確認しておきたい。『新約聖書』は全二七編の文書から構成されているということについてはすでに触れたが、

＊55　こういう解釈の可能性の是非については今後の重要課題にしておきたい。

四つの『福音書』以外については言及していなかったので、ここで紹介しておく。

既に見たように、『新約聖書』の冒頭は『マタイ』であり、『マルコ』『ルカ』『ヨハネ』と続くのであるが、その次は『使徒言行録』である。『使徒言行録』はイエスの弟子たち、とくにペトロとパウロの活躍を伝える内容が中心になっている。これに続いて、いろいろな『書簡』が計二一収められている。主な書き手はパウロであるが、いくつか他の人の手紙もある。そして最後に置かれているのが『ヨハネの黙示録』で、これはやがて訪れると信じられている終末の様子を描いた小説のようなものである。分量的には、四つの福音書の合計で全体の約五割強、二一の書簡が約三割強といったところである。個々の文書は以下の順番で『新約聖書』に収録されている。

マタイによる福音書
マルコによる福音書
ルカによる福音書
ヨハネによる福音書
使徒言行録
ローマの信徒への手紙
コリントの信徒への手紙一
コリントの信徒への手紙二
ガラテヤの信徒への手紙

エフェソの信徒への手紙
フィリピの信徒への手紙
コロサイの信徒への手紙
テサロニケの信徒への手紙一
テサロニケの信徒への手紙二
テモテへの手紙一
テモテへの手紙二
テトスへの手紙
フィレモンへの手紙
ヘブライ人への手紙
ヤコブの手紙
ペトロの手紙一
ペトロの手紙二
ヨハネの手紙一
ヨハネの手紙二
ヨハネの手紙三
ユダの手紙
ヨハネの黙示録

各文書の著者について知りたい方は何かで調べてもらうことにして、先に進むことにしよう。これらの文書からなる『新約聖書』の中に「愛」という言葉はどれだけ出てくるだろうか。イエス言行録である『福音書』四編のうち、『ヨハネ』だけはかなり特殊な内容であるから、共観福音書の『マタイ』『マルコ』『ルカ』とは別に扱うことにし、共観福音書とそれら以外のすべての文書を比較してみれば、面白いことがわかる。私の手元にある『新共同訳聖書』では、共観福音書の合計ページ数は一八八であり、それら以外の文書の合計は三六八ページであるから、分量的には共観福音書の合計はそれ以外の合計の約半分であることになる。

では、「愛」の数であるが、『新共同訳聖書』に対応した語句事典である『新共同訳　新約聖書語句事典』によると、[*56]「愛」は『新約聖書』全体の中に計一一五回出てくるが、そのうち共観福音書に出てくるのはたった三回だけである。残り一一二回はすべて「その他の文書」の中にある。

「愛」という名詞だけでなく、この語句事典が項目として立てている「愛」関係の動詞の「愛する」「愛し合う」「愛し抜く」の三つにも注目してみよう。『新約聖書』全体におけるこの三項目の合計数は二三九であるが、そのうち共観福音書では三五回だけで、残り二〇四回は「その他の文書」の中に出てくる。

名詞と動詞を合わせると、共観福音書は三八、「その他の文書」は三一六である。いずれも文脈を無視した単純な使用回数であるわけだが、計一八八ページの共観福音書の三八回と、計三六八ページの「その他の文書」の三一六回では、非常に大きな差があるといえるだろう。

＊56　Z・イエール監修／近藤司朗編集『新共同訳　新約聖書語句事典』教文館、一九九一年参照。

ここに内容を加味してカウントすれば、この差はもっと開く。「その他の文書」の方では、その文書を書いた著者（ほとんどがパウロ）が「愛が大事だ」とか「キリストの愛のおかげで」と書いている場合が多いのに対し、共観福音書ではイエスが律法学者やファリサイ派に対して引用する旧約聖書の中に「愛」という言葉が含まれているだけであるか、あるいは逆に律法学者やファリサイ派の発言部分の中に「愛」が含まれている場合が多いので、イエス自身が自分の言葉として「愛」を語った箇所は相当少なく、私が調べた限りではたったの四か所である。例の「敵を愛せ」の文脈で三回と、ファリサイ派に対して「あなたがたは神への愛をおろそかにしている」という発言の一回、これだけである。要するに、イエスの言行録には「愛」はほとんど出てこないのである。

なぜだろうか。結局のところ、この問いの答えはやはりイエス自身である。イエスは実際に「罪びと」として虐げられる社会的弱者のところに行き、病気の治癒を行なった。「律法の中で隣人愛が最も重要です」と言って誇らしげな律法学者や、仲間内にだけ「隣人愛」を発揮する祭司に対して、イエスは「隣人とは誰のことなのか？」と突きつけた。つまり、そんな中身のない愛の概念を振り回して自己満足するのではなく、愛を必要としている人たちのところへ自ら赴いて、その人たちの声に耳を傾け、ともに飲み食いし、といった行為そのものこそ大事なのだと身を持って示したのである。ほんとうに愛に溢れる人というのは、自分が愛に溢れているなどと考えもしないだろう。だからイエスは自分では愛について語るなんて野暮なことはしないのである。＊57

＊57　このように考えると、たとえば前章第九節で紹介した「医者を必要とするのは、丈夫な人ではなく病人である。わたしが来たのは、正しい人を招くためではなく、罪人を招くためである」という『マルコ』の記事も、イエス自身は「医者を必要とするのは、丈夫な人ではなく病人である」と言っただけで、後半の「わたしが来たのは、正しい人を招くためではなく、罪人を招くためである」については、『マルコ』の著者がイエスのふるまいを理由づけるために付け加えたセリフであると考えることができるだろう。イエス自身はわざわざそういうことを言いそうにないからである。こういう読み方については八木誠一『イエス』清水書院、二〇一六年、六三〜六四頁参照。

6　大酒飲みのイエス

今私は「ともに飲み食いし」と書いたのであるが、これは想像に任せて勢いで筆をすべらせたのではない。イエスが「罪びと」たちと楽しそうに飲み食いしていたことをうかがわせる記事が『ルカ』にあるからである。

> ファリサイ派の人々や律法の専門家は〔…〕人の子が来て、飲み食いすると、「見ろ、大食漢で大酒飲みだ。徴税人や罪人の仲間だ」と言う。
>
> ……『ルカによる福音書』第七章三〇～三四節

この記事を読むと、イエスが彼らのところで楽しそうに酒を酌み交わす姿が目に浮かぶようだ。

「大酒飲み」と訳されている言葉の原語は「oinopotēs（オイノポテース）」で、これは英語訳では「wine drinker」とあるように、その原義は「ワイン（オイノン）を飲む人（ポテース）」であるから、「大酒飲み」は多少大げさかもしれない。この訳語は『新共同訳』によるが、『口語訳』でも「大酒を飲む者」、岩波文庫の塚本虎二訳では「飲兵衛《のんべえ》」、田川建三訳では「酒飲み」である。まあ「酒飲み」というのはえてして「大酒飲み」であるし、どちらでもいいだろう。

ともかく、ここのイエス像は少なくとも日本人が一般的に抱いているイエス像（というか「キリスト」像）とはまったく違っていると思われる。なんとなくイエスというと精神的な救いを説くヒョロっとした優男《やさおとこ》のイメージがあるかもしれないが、この記事を見ると実に豪快な男だったのだろうという気がしてくる。

しかも、主知主義の精神で「然りは然り、否は否！」と理性的に物事に対処する姿には、圧倒的な説得力があったのではないだろうか。『マルコ』にはイエスの言行に触れて「これはいったいどういうことなのだ。権威ある新しい教えだ」と驚く人々の様子が描かれている（第一章二七節）。こういった芯のある豪快なイエス像を持っておくと、『聖書』を読むのが俄然楽しくなる。

いずれにしても、「飲兵衛イエス」が「罪びと」たちと楽しく語らう様子を見た律法主義者としては、「よくぞまああんな連中と一緒に飲み食いできるもんだ」と眉をしかめ、同じ空気を吸うとけがれる、とでもいうようにその場から離れたことだろう。実際、ファリサイ派の人々や律法学者たちはイエスの一行に対して次のように言っている。

なぜ、あなたたちは、徴税人や罪人などと一緒に飲んだり食べたりするのか。

……『ルカによる福音書』第五章三〇節

少し脱線するが、私の大好きなロックバンドのザ・ブルーハーツ（以下ブルーハーツ）に「ロクデナシⅡ」という曲（作詞作曲　真島昌利：一九八七年）があある。歌詞は以下の通りである。[*58]

通りを歩いたら　カゲ口たたかれて
本屋に立ち寄ったら　ジロジロながめられ
バイトの面接じゃ　冷たくあしらわれ
不動産屋に行けば　オヤジがこう言った

ギター弾きに貸す部屋はねえ
ギター弾きに貸す部屋はねえ
ギター弾きに貸す部屋はねえ

ボクの着てる服が　気に入らないんだろ？
ボクのやりたいことが　気に入らないんだろ？
ボクのしゃべり方が　気に入らないんだろ？
ホントはボクのことが　うらやましいんだろ？

ロクデナシに貸す部屋はねえ
ロクデナシに貸す部屋はねえ
ロクデナシに貸す部屋はねえ

＊58　本書ではあと二つブルーハーツの歌を紹介する。歌詞はすべて、ザ・ブルーハーツ『ドブネズミの詩』角川書店、一九八八年による。

この曲を聞くと、私はいつもイエスを思い出す。社会からのけものにされたロクデナシたちは、社会からのけものにされたというまさにその点において、社会の馬鹿げた論理を気にせず、忖度せず、空気を読まず、自分たちのそのままの姿で――たとえ厳しい生活ではあっても――人生を生きていただろう。この意味では、律法主義にがんじがらめにされていることに幸福を感じる律法主義者は、実のところ幸福を感じる気がしているだけで、あるいは、幸福を感じるフリをしているだけで、イエスたちのことが「ホントはうらやましい」という気持ちもどこかにあったのではないかと考えるのはちょっと行き過ぎだろうか。彼らが「罪びと」をかくも激しく排斥するのは、妬みのような感情があったのではないかとも思う。

だいたい、人のことを悪く言う連中がなぜそういう悪口を言うのかというと、自分はそういう悪とは無縁であるとわざわざ大声で虚勢を張らないと自分自身の悪をごまかせないからである。不倫をした芸能人を激しくバッシングするのは、自分がパートナー以外の人のことを好きになってしまったり、街行く人に目移りしたりすることがあって、それを「悪」だと思っていることの裏返しである。この点に関して、脱線のついでにさらに脱線して、『ヨハネ』の次の記事を掲げておく。解説不要で、現代にもそのまま通じることがわかる。

イエスはオリーブ山へ行かれた。朝早く、再び神殿の境内に入られると、民衆が皆、御自分のところにやって来たので、座って教え始められた。そこへ、律法学者たちやファリサイ派の人々が、姦通の現場で捕らえられた女を連れて来て、真ん中に立たせ、イエスに言った。「先生、この女は姦通をしているときに捕まりました。こういう女は石で打ち殺せと、モーセは律法の中で命じています。ところで、あなたはどうお考えになりますか。」〔…〕イエスは身を起こして言われた。「あなたたちの中で罪を犯したことのない者が、まず、この女に石を投げなさい。」〔…〕これを聞いた者は、年長者から始まって、一人また一人と、立ち去ってしまい、イエスひとりと、真ん中にいた女が残った。

……『ヨハネによる福音書』第八章一～九節

不倫芸能人をバッシングする連中よりも、ここで立ち去ったユダヤ人たちのほうがよほど誠実で信用できると言っておきたい。前にも言ったが、ユダヤ教の内部の人間にもまともな人はいたのであり、この記事はそのことを間接的に伝えているものとしても読めるだろう――もっとも、この記事の著者の意図はここに登場する律法学者やファリサイ派の連中を糾弾することにあったのだろうが――。

7　水をワインに変える奇跡

さてさて話を元に戻して、イエスが酒飲みであったことについて、あと一つだけ話しておきたい。「イエス飲兵衛説」の直接的な証拠としては前節で紹介した『ルカ』の記事しか私たちには与えられていないのであるが、間接的なものとしてはあと一つある。それは、イエスが水をワインに変化させたという奇跡を伝える「カナの婚礼」という記事である。この記事から「イエス飲兵衛説」を取り出すのは私だけかもしれないが、例の「清盛読み」によって分析してみよう。『ヨハネ』の中にある。

三日目に、ガリラヤのカナで婚礼があって、イエスの母がそこにいた。イエスも、その弟子たちも婚礼に招かれた。ぶどう酒が足りなくなったので、母がイエスに、「ぶどう酒がなくなりました」と言った。〔…〕母は召し使いたちに、「この人が何か言いつけたら、そのとおりにしてください」と言った。そこには、ユダヤ人が清めに用いる石の水がめが六つ置いてあった。いずれも二ないし三メトレテス入りのものである。*59 イエスが、「水がめに水をいっぱい入れなさい」と言われると、召し使いたちは、かめの縁まで水を満たした。イエスは、「さあ、それをくんで宴会の世話役のところへ持って行きなさい」と言われた。召し使いたちは運んで行った。世話役はぶどう酒に変わった水の味見をした。このぶどう酒がどこから来たのか、水をくんだ召し使いたちは知っていたが、世話役は知らなかったので、花婿を呼んで、言った。「だれでも初めに良いぶどう酒を出し、酔いがまわったころに劣っ

*59　一メトレテスは三〇～四〇リットル。

たものを出すものですが、あなたは良いぶどう酒を今まで取って置かれました。」イエスは、この最初のしるしをガリラヤのカナで行って、その栄光を現された。それで、弟子たちはイエスを信じた。

……『ヨハネによる福音書』第二章一～一一節

ワインがなくなってしまってどうしようかと慌てている周囲の様子とはうらはらに、イエスは余裕しゃくしゃくで水をワインに変化させる奇跡を行なって、その場を盛り上げたというような状況がここで語られている。

この記事も福音書著者の「誇張」に過ぎないと見ることができるが、ではどのような話を「誇張」したのだろうか。つまり、イエスに関する「ほんとうの話」がこの奇跡譚のベースとしてあり、その「ほんとうの話」に尾ひれがついていき、最終的にこのような話になったとするなら、その元々の「ほんとうの話」とはどのようなものだったのだろうか。私の推測は以下のとおりである。わかりやすいように話を現代的にしてある。

①イエスが結婚式でたらふくワインを飲んだという話がまずほんとうにあった。

②そのときイエスは実際にボトル五本ほどを一人で飲み干して、まだ飲み足りない、もっと飲みたいと実際に言っていた。

③その話に尾ひれがついて、「イエスは一人でボトル一〇〇本を空にし、

まだ飲み足りないと言っていた」という伝承になった。

④さらにその話が飛躍して、「イエスはその場にあるワインをすべて飲み切ってもまだ足りないと言って、なんと水道からワインを出して飲み始めた」という伝承になった。

現代でも②から③への飛躍はわりと起こり得る気がするが、イエスを救世主と信じるクリスチャンたちは、さらにもう一段階飛躍させることができた。しかも、この飛躍はたんに誇張の度合いを高めるためだけの操作なのではなかった。つまり、この飛躍には水をワインに変えたという奇跡のほかに、あと一つ重要な点が盛り込まれたのである。それは、イエスがワインに変えた水は「清めに用いる石の水がめ」に入っている水だったという点である。要するに、イエスは「けがれ」を清めるための「聖なる水」をあろうことかワインに変化させてしまったのである。クリスチャンたちの発想力の豊かさには実に胸のすくような思いがする。

飲兵衛のイエスは招かれた婚礼でワインをがぶがぶと飲み干してしまったが、まだまだ足りないと言い、挙句の果てに聖なる清めの水までワインに変えて飲んでしまった。こういう話として読めば、この「カナの婚礼」の記事は意味のない律法的制約を完全に無視し切った大酒豪イエスの面目躍如を表現した痛快な話だということになるだろう。[*60]

＊60　私自身は「カナの婚礼」における奇跡譚をこのように理解しているが、この解釈の妥当性については今後の課題としたい。

8　私の師匠

イエスは愛について語らないという話と、そのイエスは大酒飲みであったという話をしてきたが、ここでまた多少脱線して私の中学時代の恩師である永島先生について書いておきたい。この二つのテーマを頭に置くとき、まず永島先生の顔が思い浮かぶからである。

永島先生は、三年間私のクラスの担任だった。私は地元の公立中学に通っていたが、この中学は名の知れた「ヤンキー校」で、ここへ転勤することを教員たちは密かに「地獄行き」と呼んでいたことを私は知っている。

この中学校には、着丈が長くて刺繍がたくさんほどこされた「ヘンケイ」と呼ばれる変形型学ランを着用し、やたら太い「ヘンケイ」のズボンを履いている連中が多かった。学ランの色もさまざまで、もちろん色は黒でなければならないはずであるが、白とか赤とか紫とか、そういう類のド派手な学ランを日常的に着ている「不良」がかなりいた。特別なときだけそういう恰好をするのではなく、日常的にそうだったので、筋金入りの「不良」たちである。

永島先生はこういう「不良」たちを含め、いろんな生徒をよく海釣りに連れて行ってくれた。私は中学一年のときに先生から釣りの手ほどきを受け、それ以来いわゆるアウトドアの遊びにどっぷり浸かることになった。先生は釣りだけでなく、というか釣りも兼ねて、キャンプにも連れて行ってくれた。先生は車の免許を持っていなかったので、オートキャンプ場のような場所ではなく、電車とバスとレンタル自転車で移動し、ただの海岸にテントを張ったこともあった。

今思うと、「オシャレ」とは対極に位置する小汚くてボロボロのキャンプだったが、私はこういうキャンプで腕を磨いていたので、それがあとあとかなり活きてくることになった。私に素潜り漁を教えてくれたのも永島先生である。「ネム船長シリーズ」の前作で私は自分の高校時代のヒッチハイクキャンプ旅のことや、高校卒業後の放浪時代のことをたっぷり書いたが、永島先生はこういう私の活動の起点に位置しているといえる。

先生は「超」大酒飲みで、釣りやキャンプのときはいつもおいしそうにビールや日本酒を飲んでいた。夏休みに先生と生徒五人で海岸でキャンプをしていたときのこと、悪天候が続き、真夏なのにけっこう寒くて、食料となる魚を突いて海から戻ったあと、みなでブルブル震えていた。先生は、これを飲めばあったまるぞ～と言い、あたたかい日本酒を飲ませてくれたことがあった。

また、先生は「超」へヴィースモーカーでもあった。中学校内でタバコを吸う「不良」はたくさんいたが、先生の吸っているタバコはニコチンの量が一番多い銘柄のもので、お前らこれ吸えるんか？と言って「不良」たちに吸わせて、ゲホゲホとむせかえる彼らに「情けないのう」と言い、タバコを吸うのはまだまだ早いと笑っていた。

今なら「コンプラ違反」とかなんとかで騒ぎ立てる連中もいるかもしれない

が、中学時代にこういう豪傑のそばで過ごせた恩恵は計り知れない。

　永島先生から学んだのは、先生が担当していた社会科の科目を除くと、釣りと素潜り漁とキャンプである。釣りと素潜り漁とキャンプの他にはとくに何も教えてもらっていないということを私はいま強調したい。永島先生は決して口数の多い人ではなかったが、口を開くときも教育的な内容のことはまったく何も言わなかった。そして、「生徒のために」と決して言わなかった。ただ釣りとキャンプに一緒に行くだけだった。

　客観的に見ると、「不良」たちを釣りやキャンプに連れて行くことには、そういう交流と経験を通して彼らに「まともな生徒」になってもらうという意図があるように思われるだろうが、私は永島先生からそういう言葉を一度も聞いたことがない。

　永島先生とのキャンプは卒業後も続き、ここ数年は行けていないもののいまもまだ一緒にキャンプ&素潜り漁をする関係が続いているので、飲みながら話す機会はけっこうあるが、人生訓とか人生哲学とか、そういった類のことも聞いたことがない。

　これは、そういうことは理念として語るだけでは何の意味もなく、自分で実践してはじめて意味があるというイエスの態度と同じである。本人としては「生徒思い」かどうかなぞ問題になりようがないのだろう。なぜなら本人にとっては「生徒思い」以外の生き方を知らないからである。だから、「生徒のために」なんて思ってもいない永島先生は、「生徒のために」をシンプルに体現することができるのだと思う。

私は本書の「はじめに」で教育委員会の偽善者どもを切り捨てたが、だからといってべつに日本の教育者がすべてこういう偽善者であって、いい加減な人間ばかりだというつもりなどない。むしろ、そうではない立派な先生も中にはいるということを経験上知っている。だからこそ、こういういい加減な連中が教育者を代表するような社会に余計に憤りを感じるのである。

そういえば、永島先生は私の大学受験の前日に突然我が家にやってきて、キャンプのときによく使っていたガスバーナー（炭火の着火用）をくれたことがあった。私は高校卒業後は大学に行かずにフリーターをしていたが、大学に行こうと思って受験勉強を始めてからはキャンプに行かなかったので、今年の夏は来てや、と言いに来たのである。記憶が確かなら、先生はたいした激励もせずに、ガスバーナーを渡してすぐに自転車で去って行った。そのガスバーナーはいまも現役である。

さて、本章をしめくくりにかかることにしよう。イエスの活動にはイエス自身がガリラヤの人であったことが大きく関わっていると考えると、ずいぶん見通しがよくなった。このガリラヤという土地は荒涼として砂漠のようなエルサレムとは違って、農業に適した自然豊かな場所である。インターネットでガリラヤとエルサレムの画像検索をしてみるとよくわかるが、ガリラヤは緑色でエルサレムは砂の色である。

なぜこんな話をするかというと、イエスがとくにガリラヤで「神の国」を語るときに、よくそれを「自然の恵み・天の恵み」にたとえるからである。『福音書』の中には有名な「たとえ話」がいくつかあるが、イエスが自然豊かなガリラヤの人であったということを意識してそれらの「たとえ話」を読むと、イエスが「神の国」というものをどのように考えていたのかということがわかってくる。

「神の国」というのは、ユダヤ教という宗教の究極目的である。律法主義者が律法遵守を徹底しようと努力するのは、終末が到来したときに「神の国」に入るためである。そのために、なるべく「罪」を犯さず、「けがれ」を取り除こうとする。イエスに言わせると、当然ながら律法主義者が「神の国」に入ることなんてできるわけがないということになるが、イエスの語り方は独特である。ガリラヤで「神の国」を「自然の恵み・天の恵み」にたとえて話すイエスの意図はどのようなところにあるだろうか。

次の第七章ではイエスがユダヤ教の究極目的としての「神の国」をどのようなものとして考えていたかということを見ることにしよう。これで、本書の軸であるイエス論は終わりにしたい。

そういう次第で、次の第七章で本書を終えてもよいのであるが、本書は「キリスト教入門」を謳っているので、せめてキリスト教がどのようにして成立したのかというところぐらいまでは見ておくことにする。第八章ではイエスの死と復活、そして弟子たちの活動を軸にして、キリスト教の成立事情を確認することにしよう。

第7章 「神の国」

ネム船長の羅針盤

「神の国」というものがもしあるなら、それは「罪びと」として虐げられ、社会から排除された弱者のためにあるに違いないとイエスは考えた。律法主義のエゴイズムとは無縁の「神の国」には比較による優劣はない。みながそれぞれに比較を絶した価値を持って輝いている。

「世界中に定められたどんな記念日なんかより
あなたが生きている今日はどんなに素晴らしいだろう」
……ザ・ブルーハーツ「TRAIN-TRAIN」

1　天の恵み

本章を始めるにあたって、アブラハムとサラのあいだに生まれたイサクの奉献について、再び考察することにしたい。「自然の恵み・天の恵み」を理解するのにうってつけの題材だからである。

待望の子どもであるイサクを授かったとき、アブラハムは一〇〇歳、サラは九〇歳であった。そして、神はそのイサクを自分への生贄として捧げるようアブラハムに命じたのであった。この話をどのように読むべきかということを第四章で考察したさいに、「九〇歳で出産なんてありえない！」「我が子を殺せと命じる神は信用できない！」「だから宗教は怖い！」という反応をするのではなく、価値中立的に「そもそもイサクはサラが九〇歳で産んだ神の恵みであって、神の恵みは自分のものではないということをこの物語は伝えようとしているのかな」というような受け取り方をしておけばよい、と私は論じた。本節で私が行いたいのは、まさしくこの「神の恵み」という受け取り方についての一般的考察である。

サラの場合は九〇歳での出産といういわば超スーパー高齢出産だったので、イサクが「神の恵み」であるという性質がとりわけ際立つように感じられるが、よくよく考えてみたら、出産というのはどんな場合も「神の恵み」としての性質を持っているといってよい。というのも、子どもが欲しいと思っても、なかなか妊娠しない場合があるし、妊娠したとしても出産にまでたどり着けるとは必ずしも限らず、残念な結果に終わる場合だってあるからである。

体調管理に気を付け、医師の指示通りに準備を進めても、うまく行かない場合もあれば、逆に、そういったことに気を付けなくても元気な赤ちゃんが生まれることもある。だから、結局のところは「人間にはどうにもならない」とか「運がよかったのでうまくいった」とか、そういう感慨でしか気持ちを整理できないことがきっとあるはずである。長年続けてきた不妊治療をやめたとたんに妊娠したというような話もあったりするから、余計にそう思われてくる。「子は天から授かりもの」とか「コウノトリが赤ちゃんを運んでくる」といった俗諺は、こういった気持ちに即した絶妙の言い方だと私は思う。

関連して、「申し子」という言葉についても触れておきたい。この言葉は「ITの申し子」とか「音楽の申し子」のように「その分野で優れた才能を持つ人」のように使われることが多いと思うが、これは本来的な意味ではない。もともとは「神仏に祈ることによって授かった子」の意味である。これもまた、右の二つの俗諺と出所は同じだろう。人智を超越した大いなる力の働きに対する感謝の気持ちから生まれた言葉であろうと推察される。

さて、以上のように「子は天からの授かりもの」であるとして、では自然界に存在する他のものはどうだろうか。たとえば、作物はなぜ実るのだろうか。自分で種をまいて野菜を育てた経験がある人はよくわかるだろうが、案外ほったらかしにしておいても問題なく、いつのまにか大きなカボチャが実っていたり、多少はヘンテコな形である場合もあるが、赤くてぷりぷりしたトマトが鈴なりになっていたりするものである。「なぜ実るのか」とわざわざ考えなくても、天は恵みをもたらしてくれる。

もちろん、「ほったらかし」とはいっても、支柱を立てたり、雑草を抜いたりといった手間をかけることはある。しかし、そういう人間の側の働きはしょせん収穫に向けて状況を整えるだけの意味しかなく、何かを根本から生み出すことであるわけではない。カボチャという野菜をあのような形、あのような味のものとしてこの世界にもたらしたのは人間ではない。

いやいや、人間は品種改良を行なって新しい品種を生み出すことができますよ、と反論されるかもしれないが、品種改良というものはゼロからの創造ではなく、既存の事物への働きかけであるにすぎない。品種改良された野菜でも、種をまけばいつのまにか芽を出して成長するが、そうやって成長する仕組みを根本から人間が生み出したわけではない。成長のスピードや規模を調整するための品種改良は人間でも可能であるが、成長そのものの仕組みは人間には作れない。まさに天の恵みである。

2　科学と神

iPS細胞（人工多能性幹細胞）も同じである。万能の性質を示す画期的な細胞を人間が生み出したわけであるが、しかしそもそも生物が存在しなければiPS細胞も存在しない。なぜかはわからないが生物にもともと備わっている成長の仕組みをたんに応用しただけのことであるといえばそれだけのことである。人間が根本的にまったくゼロから生み出したのだと考えるのであれば、傲慢にもほどがあろう。

念のために言っておくが、私はべつにiPS細胞の存在に対して批判的な立場を表明をしているわけではないし、過小評価をしているわけではない。むしろ素晴らしいことだと思っている。ただ、もし仮に、iPS細胞を人間がまったくゼロから生み出したのだ、人間にはそういう力があるのだと考えているとするならば、それはただの思い上がりに過ぎないと言っているだけである。

自然はほんとうによくできている。あまりにもよくできていると驚嘆するしかない複雑かつ美しい造形を展開する。偶然こうなったと考えるにはでき過ぎている。どんな精密な機械よりも、道端にいるアリンコや道端に咲いている小さな花の方がはるかに複雑で美しい機構を備えた存在者である。だから、人智を超越した何らかの大いなる力の働きによって、このような世界が成立しているのだ、神でないとこのようなことは不可能だという物の見方が、古代から現代に至るまでずっと存在し続けていることには十分な理由があると思う。

一七世紀に活躍した哲学者であり数学者のライプニッツ（一六四六〜一七一六）は『モナドロジー』（一七一四年）という小論の中で次のように言っている。

> 生物の有機的な身体はそれぞれ、神的な機械あるいは自然的な自動機械ともいうべく、どんな人工的な機械よりも無限にすぐれている。なぜなら、人間の技術によってつくられた機械は、その一つ一つの部分までは機械になっていないからだ。
>
> 例を挙げよう。真鍮《しんちゅう》の歯車には歯の部分や断片があるが、それらは私たちから見るともう人工的なものではなく、その歯車の用途からみてももはや機械らしいところは何も示してはいない。けれども自然の機械つまり生きた身体は、その最も小さい部分でこれを無限にまで分割していってもや

はり機械になっている。これが自然と技術、つまり神の技法と人間の技法との差異である。[*61]

とくに解説は必要ないだろう。自然というのは「神の技法」によらないと作り出せないものであって、人間の技術のレベルとはまるで次元が違っている、と言っているのである。

同じような見解はニュートン（一六四二〜一七二七）にも見られる。ニュートンといえば近代科学の祖として、ばりばりの科学者であると認識している人が多いだろうから、まさかそのニュートンが神の存在を信じているなんて思いもしないかもしれないが、ニュートンにとっては神の存在は大前提であった。「万有引力の法則」を解説したまさにその『プリンキピア』（一六八七年）の中で、「万有引力の法則によって惑星や彗星の規則正しい回転運動は説明できるが、しかしそれらの諸軌道の規則正しい配置をそもそものはじめに設定したのは神にほかならない」というようなことを言っており、[*62]「万有引力の法則」は既存の存在者の秩序を解明することはできるが、なぜそもそものはじめに、つまり「宇宙の始まり」にそのような秩序がもたらされたのかということについてはこの法則は無力であって、結局は神がそうしたとしか考えられない、とあのニュートンが表明しているわけである。

「宇宙の始まり」というワードが出たのでついでに言っておきたいことがある。「宇宙の始まり」と聞くと「ビッグバン」という言葉を連想する人が多いので

＊61　ライプニッツ（谷川多佳子・岡部英男訳）『モナドロジー　他二編』岩波文庫、二〇一九年、五七〜五八頁。

＊62　ニュートン（河辺六男訳）『世界の名著　ニュートン』中央公論社、一九七九年、五六〇頁参照。

はないだろうか。「なぜ宇宙は始まったのか?」と問われると、「ビッグバンが起こったから」と答える人が多いような気がする。

しかし、私に言わせるとこの答え方は間違っている。ビッグバンとは、私の手元にある事典によると、「一五〇億年前に起こった大爆発によって超高温・超高密度の状態から急膨張し、急激な温度降下の過程で素粒子を生成し、今日の宇宙ができたとする」説である。つまり「ビッグバン」というのは、宇宙が、どのような仕方で始まったのかを教えてくれる理論である。しかし、それだけといえばそれだけである。というのも、「なぜそもそもビッグバンという出来事が起こったのか」ということについては何も教えてはくれないからである。

おそらく、「なぜ宇宙は始まったのか?」という問いに対して「ビッグバンが起こったから」と答える人も、実のところ一番教えて欲しいのは「どのような仕方で宇宙が始まったのか」ではなく「なぜそもそも宇宙というもの自体が始まったのか」ということではないだろうか。言い方を変えると、「大爆発の後にどのような仕方で宇宙が膨張していったのか」ではなく、「なぜそもそもその大爆発が起こったのか」を知りたいのではないだろうか。

この領域は科学では問えない領域であるということをニュートンはしっかり理解している。だから、もし「なぜ」を問うなら、「光あれ、と神が言ったから」という『創世記』のような説明の仕方になるしかない。ニュートンはそう言っていると解釈することができる。現代人からすると神を持ち出すのが気に入らないかもしれないが、それなら「なぜ」を問うことをそもそもやめた方がいい。

いつまでたっても自分が自分の求めるものとは次元が異なる場所にいることにすら気付かない人というのは案外多いものである。

3 「神の国」

だいぶ前置きが長くなったが、ここまで理解していただければイエスが独特な表現で語る「神の国」についてうまくイメージを持つことができると思う。

まず、イエスが「神の国」について説明するときに用いる「たとえ」を二つ紹介したい。いずれも「自然の恵み・天の恵み」に関係している。

イエスは言われた。「神の国は次のようなものである。人が土に種を蒔いて、夜昼、寝起きしているうちに、種は芽を出して成長するが、どうしてそうなるのか、その人は知らない。土はひとりでに実を結ばせるのであり、まず茎、次に穂、そしてその穂には豊かな実ができる。実が熟すと、早速、鎌を入れる。収穫の時が来たからである。」

……『マルコによる福音書』第四章二六～二九節

イエスは言われた。「神の国を何にたとえようか。どのようなたとえで示そうか。それは、からし種のようなものである。土に蒔《ま》くときには、地上のどんな種よりも小さいが、蒔くと、成長してどんな野菜よりも大きくなり、葉の陰に空の鳥が巣を作れるほど大きな枝を張る。」
……『マルコによる福音書』第四章三〇～三二節

一読して明らかなように、「神の国」が「自然の恵み・天の恵み」がもたらされる場所としてたとえられている。ポイントは、イエスがこの「たとえ話」を語ったのはガリラヤであるという点にある。ガリラヤで育ったイエスはガリラヤの自然がもたらす恵みに感謝して成長したに違いない。自然・天がもたらす恵みとは、とどのつまりは神の恵みである。だから、次の有名なイエスの言葉も、これらと同様の自然賛歌として読むことができる。

求めなさい。そうすれば、与えられる。探しなさい。そうすれば、見つかる。門をたたきなさい。そうすれば、開かれる。だれでも、求める者は受け、探す者は見つけ、門をたたく者には開かれる。あなたがたのだれが、パンを欲しがる自分の子供に、石を与えるだろうか。魚を欲しがるのに、蛇を与えるだろうか。このように、あなたがたは悪い者でありながらも、自分の子供には良い物を与えることを知っている。まして、あなたがたの天の父は、求める者に良い物をくださるにちがいない。だから、人にしてもらいたいと思うことは何でも、あなたがたも人にしなさい。
……『マタイによる福音書』第七章七～一二節

この言葉もガリラヤで語られたものである。だから、「求めなさい。そうすれば与えられる。探しなさい。そうすれば、見つかる」という言葉は、人々には自然の恵みがたしかにもたらされるのだということを言っていると解釈することができるだろう。イエスはずいぶん楽観的だとは思うが、こういう発想の根底には、私たちが本章の冒頭から論じてきたごとく、自然の恵みとは他ならぬ神の恵みであるという大前提があったと理解すればつじつまが合う。

そう考えてみると、イエスは「神の国」というものについて、ファリサイ派や律法学者が喧伝するような「神の国」は「神の国」ではないのだ、とガリラヤの人々に語りかけているようにも思われる。

ではどのような場所が「神の国」なのか? それは、神の恵みを受取ることのできるあなたたちのこのガリラヤではないか。イエスはそう言っているように聞こえる。またイエスは次のようにも言っている。サマリアとガリラヤのあいだを通ったときのことである。

ファリサイ派の人々が、神の国はいつ来るのかと尋ねたので、イエスは答えて言われた。「神の国は、見える形では来ない。『ここにある』『あそこにある』と言えるものでもない。実に、神の国はあなたがたの間にあるのだ。」

……『ルカによる福音書』第一七章二〇～二一節

例によってファリサイ派がイエスにいちゃもんをつけようとしているのであ

るが、そういうファリサイ派に対して「お前たちの言っているような神の国というのは、ここにあるとかあそこにあるとか言えるようなものではない。そんなフワフワした空疎な概念にしがみついたって仕方がない」と答えているとまずは解釈できる。

そして、「神の国はあなたがたの間にある」という決めゼリフがくる。理解のポイントは「あなたがた」とは誰かということである。これはイエスに質問したファリサイ派のことを言っているのではもちろんない。イエスの話を聞いている弟子たちとこの地方の人々のことである（※イエスの遊行に随行している弟子は、最後の晩餐のときに裏切りを予言されることで有名なユダ以外はみなガリラヤ出身である）。

とするなら、「神の国はあなたがたの間にあるのだ」というこの文章内の「神の国」は、さきほどイエスが否定した一つ目の「神の国」とは別の「神の国」であると考えることができる。そうすると、「神の国はあなたがたの間にあるのだ」とは、「神の国」はガリラヤの人々の間にある、つまり、ガリラヤが「神の国」なのだということになるだろう。

要するに、イエスは伝統的な「神の国」という概念に対して本気で相手にしていないようなのである。[*63] ファリサイ派や律法主義者が「神の国、神の国」と騒ぎ立てているが、律法主義自体がそもそも間違っているのだから、律法主義によって連れて行ってもらえる「神の国」なんてろくなもんじゃない！ とか、そんなものはそもそも存在しない！ とか、こういう批判的態度がイエスの言

＊63 この路線でのイエス理解は田川建三と高尾利数から学んだ。

葉からにじみ出ているように思う。

それゆえ、もし「神の国」というものが仮にも存在するとしたら、それはせいぜいお前たちのところではなく、お前たちが虐げているこの「罪びと」たちのところにあるはずだ！　とイエスが言いたくなるのもわかろうというものである。この路線で突き進むと、次の有名な言葉もよほどよく理解できるだろう。


貧しい人々は、幸いである、神の国はあなたがたのものである。

……『ルカによる福音書』第六章二〇節

これを「貧しい人」に対する忍耐のすすめとして読むことができるのは、『聖書』を「ありがたいお言葉集」として受けとる人だけだろう。この言葉もガリラヤの人々に向かってイエスが語ったものである。だから、さきほどと同じように、神の国というものがあるとするなら、それは私腹を肥やして社会的弱者を虐げている支配者階級の連中のためにあるのではなく、ここにいるこういう貧しい人のためにあるはずだ、という意味で理解しなければならないはずである。

ここらでまた私の「清盛読み」についてひとこと言っておくことにする。「神の国」という言葉は、『聖書』を読むことができない人にとってはどうにも受け入れがたい雰囲気の言葉だろう。「おれはべつに神の国に入りたいなんて思っていない」とか「神なんていないのに、信者になれば神の国に入れるなんて宣教するのは怪しすぎる」とか、この手の反応がすぐに予想できるが、本書の読者はさすがにもう大丈夫だろう。

前章で扱った「隣人愛」にしてもこの「神の国」にしても、「清盛読み」ができない人にはうさんくさくてうわついた概念にしか思えないだろうが、こういった概念を「ありがたいお言葉」として受け止めなくてもイエスの言葉は十分に理解できるということがわかったと思う。私はこれまでにイエスはとてもかっこいいと何度も書いてきたが、もうすっかりみなさんも私の意見に同意してくれているのではないだろうか。

4　「ぶどう園の労働者」のたとえ

自然の恵みに引き付けながら「神の国」について語るイエスは、他にも自然賛歌のような言葉を残している。

空の鳥をよく見なさい。種も蒔かず、刈り入れもせず、倉に納めもしない。だが、あなたがたの天の父は鳥を養ってくださる。あなたがたは、鳥よりも価値あるものではないか。あなたがたのうちだれが、思い悩んだからといって、寿命をわずかでも延ばすことができようか。なぜ、衣服のことで思い悩むのか。野の花がどのように育つのか、注意して見なさい。働きもせず、紡ぎもしない。しかし、言っておく。栄華を極めたソロモンでさえ、この花の一つほどにも着飾ってはいなかった。今日は生えていて、明日は

炉に投げ込まれる野の草でさえ、神はこのように装ってくださる。まして、
あなたがたにはなおさらのことではないか、信仰の薄い者たちよ。
……『マタイによる福音書』第六章二六～三〇節

「栄華を極めたソロモンでさえ、この花の一つほどにも着飾ってはいなかった」という言葉は、本章の第二節で紹介したライプニッツやニュートンの考え方を念頭に置くと、すっきり理解することができる。要するに、神は自然界を圧倒的に素晴らしいものとして創造したのであり、いくらソロモン時代の栄華がイスラエル史の中で燦然《さんぜん》と輝いていようとも、神が創造した道端の雑草の素晴らしさの足元にも及ばない、とイエスは言っているのである。

この文章にはあとひとつ、非常に重要だと思われる箇所がある。一番最後の「まして、あなたがたにはなおさらのことではないか」という一文である。イエスは明らかに、「神の恵み」としてこの世に生まれてきたひとりひとりの人間のかけがえのなさを強調している。「炉に投げ込まれる野の花」でさえソロモンの栄華とは比較にならない価値を持っている、と言ったあとにこの文が続くのであるから、人間というものはひとりひとりが何にも比較され得ない素晴らしさ・巨大さ・美しさを本来持っているのだ、という自身の人間理解をイエスが熱く語っているのだと理解するしかない。イエス論の最後に論じたいのはこの点である。

この論点を劇的に浮かび上がらせているものとして読むことができる別のイ

エスの言葉を見てみよう。これもまた「神の国」の話である。やや長いが全文引いておく。

天の国は次のようにたとえられる。ある家の主人が、ぶどう園で働く労働者を雇うために、夜明けに出かけて行った。主人は、一日につき一デナリオンの約束で、労働者をぶどう園に送った。また、九時ごろ行ってみると、何もしないで広場に立っている人々がいたので、「あなたたちもぶどう園に行きなさい。ふさわしい賃金を払ってやろう」と言った。それで、その人たちは出かけて行った。

主人は、十二時ごろと三時ごろにまた出て行き、同じようにした。五時ごろにも行ってみると、ほかの人々が立っていたので、「なぜ、何もしないで一日中ここに立っているのか」と尋ねると、彼らは、「だれも雇ってくれないのです」と言った。主人は彼らに、「あなたたちもぶどう園に行きなさい」と言った。

夕方になって、ぶどう園の主人は監督に、「労働者たちを呼んで、最後に来た者から始めて、最初に来た者まで順に賃金を払ってやりなさい」と言った。そこで、五時ごろに雇われた人たちが来て、一デナリオンずつ受け取った。最初に雇われた人たちが来て、もっと多くもらえるだろうと思っていた。しかし、彼らも一デナリオンずつであった。

それで、受け取ると、主人に不平を言った。「最後に来たこの連中は、一時間しか働きませんでした。まる一日、暑い中を辛抱して働いたわたしたちと、この連中とを同じ扱いにするとは。」

主人はその一人に答えた。「友よ、あなたに不当なことはしていない。あなたはわたしと一デナリオンの約束をしたではないか。自分の分を受け取って帰りなさい。わたしはこの最後の者にも、あなたと同じように支払ってやりたいのだ。自分のものを自分のしたいようにしては、いけないか。それとも、わたしの気前のよさをねたむのか。」このように、後にいる者が先になり、先にいる者が後になる。

……『マタイによる福音書』第二〇章一～一六節

文法的な点でいえばこの文章はまったく難しくないので、素直に読めばイエスが言っていること自体は少なくとも理解できたと思う。しかし、ごくノーマルな常識的感覚で生活を送っている私たちにとって、この「たとえ話」は強烈である。丸一日働いた人と一時間だけの人の給料が同じだからである。

一デナリオンというお金は当時の一日分の給料相当額と考えられていて、約五〇〇〇円ぐらいだといろいろなところに書いてあるが、実のところ話は逆で、もともとはむしろこの話を手掛かりにして当時の貨幣価値をはじき出したらしい。[*64] 一日一デナリオンというのが当時の標準的な感じだから、一デナリオンはだいたい五〇〇〇円ぐらいだろう、というわけである。

ともかく、今は一デナリオンを五〇〇〇円で計算してみることにしよう。仮

＊64　田川建三訳著『新約聖書　訳と註1　マルコ福音書／マタイ福音書』作品社、二〇〇八年、七六〇～七六一頁参照。

に最後に雇われた労働者が夕方一七～一八時で働いたとして、この人がまず五〇〇〇円である。時給五〇〇〇円の高額バイトであることになる。この計算でいくと、一五時からの人は三時間で一五〇〇〇円、一二時からの人は六時間で三〇〇〇〇円、九時からの人は昼休憩を一時間とったとして、八時間で四〇〇〇〇円、そして早朝の人が六時から働いているのだとすれば、一時間休憩で五五〇〇〇円である。これはいいバイトだったと内心ほくそ笑んだが、なんと全員が一律五〇〇〇円でした、というオチである。

イエスは何を言おうとしているのだろうか。まずこの話はお金の話であるということをおさえた上で、最後に雇われた人はいったいどういう人なのかを考えてみる必要がある。ストーリーの結論から簡単に推察することができるが、最後の労働者は間違いなく「罪びと」である。つまり、社会的弱者である。

イエスは仮にも「神の国」というものがあるとするなら、それは「罪びと」のものであると主張したことを思い出して欲しい。夕方に雇われた「罪びと」はなぜ夕方そこにいたのだろうか。それは、怠惰でだらだら過ごしていたからではなく、雇ってもらいたくても雇ってもらえなかったからだろう。*65 ここでも私は前章で紹介したブルーハーツの「ロクデナシⅡ」を思い出す。歌詞の一部を再掲する。

通りを歩いたら　カゲ口たたかれて
本屋に立ち寄ったら　ジロジロながめられ

＊65　この最後に来た労働者を「怠惰な人」と理解して、そういう人でさえも神は救ってくれるのだ、という話として読むこともできるかもしれないが、そういう読み方はイエスが「無償の愛」を説く聖者であるというイエス論に基づいてのみ可能だろう。本書はそのような立場をとらない。

バイトの面接じゃ　冷たくあしらわれ
不動産屋に行けば　オヤジがこう言った

ギター弾きに貸す部屋はねえ
ギター弾きに貸す部屋はねえ
ギター弾きに貸す部屋はねえ

まるでイエスが語る「たとえ話」そのままである。その「罪びと」はボロボロの服を着ているから、近寄るなといわんばかりにジロジロ見られる。この服じゃ印象が悪いから新しい服を買おうと思ってもお店に入れてくれさえしない。門前払いだ。仕方なしにそのボロボロの服で仕事を探しに行くが、「お前にさせる仕事はねえ」とこれまた門前払い。何度お願いしても「お前にさせる仕事はねえ」。家には幼い娘が待っている。今日も仕事がもらえなかったといって、このまま家に帰るわけにはいかない。オレも腹が減ったが、そんなことはどうでもいい。なんとか娘にご飯を食べさせてあげたい。でもどうしようもないのだ…

だからもし「神の国」というものがあるのなら、せめてこういう人こそ「神の国」に入って欲しいとイエスは願ったのである。

このイエスの願いは、実は現在ほんの少しではあるが実現していると見ることができる。福祉国家という理念に導かれたいろいろな社会制度がそうである。

たとえば、貧しくてお金がない人でも、平等に安く医療を受けられるのは、この制度のおかげであるといってよい。私は小学校二年生のときに父親を亡くし、ずっと母子家庭で育ったのであるが、そういう家庭は子が一八歳になるまでは母子ともに医療費が無料である。当時はそのありがたさをまるで理解していなかったが、足に障害を抱えていた母の手術と長期入院の費用のほとんどはこの制度によってまかなわれていた。

今私は、ずっと貧乏だった自分の感覚としてはかなり高額に感じられる税金を払っている。毎月毎月給料から引かれる税金の多さにはほんとうにうんざりしてしまう。しかし多少かっこつけて言うと、これは要するに三〇年前に母を救ったお金なのである。

私はこのイエスの「たとえ話」にとても共感するし、仕事のない「罪びと」の不安や悲しさを思うと強く胸を打たれるものがある。しかし、だからといってこの資本主義の社会を全面的に否定するつもりはない。資本主義の社会であっても、人と人とがやさしく生きられる社会は可能だろう。いろいろ言いたいことはあるが、とりあえずのところ、福祉国家の理念を正しく実現するために、まずは税金を正しく使ってもらえればそれでいい。これ以上は言うのをやめておくが、選挙に行かない人たちや税金で豪遊する議員たちには、せめてあと少しでいいので自分が何をやっているのかを考えて行動していただきたい。

5　イエスの立場の哲学的前提②

「ぶどう園の労働者」のたとえに込められたイエスの想いというのは以上のようなものであると考えたいが、イエスの人間理解、すなわち「人間のかけがえのなさ」を論じる作業はこれからである。イエスのこの「たとえ話」を哲学的に分析してみることにしよう。

まずこの「たとえ話」は公平とは何かという問題を提起していると見ることができる。*66 仕事の成果に比例して報酬を受け取るという原理は、この世に広く通用している疑いのない原理であるように思われる。この「比例」原理を正義論として打ち立てたのは古代ギリシアの大哲学者アリストテレス（ＢＣ三八四～三二二）であり、こういう正義の在り方を「配分的正義」という。難しそうな概念が出てきたが、知っていると便利なので使うことにする。

まず、経験、体力、実績、実力、才能、身分（役職・立場）などによって、賃金に差がつくのは当然であると私たちは考える。まして、労働時間の多寡が賃金に反映されないなんてことはありえない、と考えるだろう。バイトにいそしむあなたがたは、この「配分的正義」の原理によって生きているといえる。

「配分的正義」の前提は「善」の概念にある。アリストテレスによると、「善」とは「アレテー（卓越性・徳）の活動」である。つまり、卓越性を発揮すればするほど「善」であり、逆は「悪」であることになる。「配分的正義」とは、

＊66　この「たとえ話」を正義論の観点から読み解く考え方は、岩田靖夫『人生と信仰についての覚え書き』女子パウロ会、二〇一三年から学んだ。

要するに「卓越性を発揮する優れた者」が「卓越性を発揮できない劣った者」よりも多く配分される、という能力主義の思想である。その人の価値に応じて、賃金やものが配分されるのが正義であり、この意味では全員平等は不正であることになる。仕事量の多い人も少ない人も給料は同じ、経験値の高い低いも関係なし、当然肩書も関係なし、というような完全な平等社会はむしろ不満うずまく社会になると思われる。だから、「価値に応じて」計算されるこの不平等を是認することこそ、私たちの社会の常識であるといってよい。

従って、イエスはこの「たとえ話」を用いて、「価値に応じて」というこの常識を完全に否定したといえる。「神の国」では、能力のある人もない人も、功績のある人もない人も、体力のある人もない人も、ひとりひとりが全員かけがえのない巨大な存在であり、比較を絶した唯一者なのである！

しかし、人間というものはつい比較をしてしまう。「比較」と「価値づけ」は多くの場合、表裏一体である。だから、つい優劣をつけてしまうことにもなる。たとえば、身長を誰かと比べるとき、表向きは単純な数値の比較であり、二人の身長が何センチかという事実を二つ並べているだけであるといえる。A君は一六〇センチであり、B君は一八〇センチだとしよう。この二人の身長を比べると、「BさんはAさんより二〇センチ背が高い」と判断できる。この判断は「二〇センチ差」という物理的データに関する事実報告の意味を少なくとも持つだろうが、果たしてそれだけだろうか？

このとき、「二〇センチ背が高いBさんのほうがいい」とどこかで思っていないだろうか。あるいは、暗に思ってしまっていないだろうか。「オレは身長一六〇センチだ」という判断は単純な事実判断だけで済まず、「もっと背が高いほうがいいなあ」という価値判断をも含んでしまうことも場合によってはあるのではないだろうか。

ほかにも、たとえば、「うちの彼氏、身長一八〇センチやねん」と言うとき、それは自分の彼氏に関する単なる事実の報告であることを越えて、「うちの彼氏は友達の彼氏よりもいい男や」という価値判断を含んでいるのではないだろうか。あるいは、暗に含んでしまっているのではないだろうか。「比較」がある場所には何らかの「優劣」がつきまとってしまう。そして、「優」の側には「エゴイズム」が存在する。

「エゴイズム」はイエスの敵であった。ファリサイ派や律法主義者のエゴイズムをかくも激しく糾弾したイエスである。だから、イエスは「比較」をいっさいしないはずである。つまり、「配分的正義」を無視することになるだろう。「エゴイズム」の無い場所には「配分的正義」も比較も優劣もない。だから「ぶどう園の労働者のたとえ」のような話がすぐにイエスから語りだされるのである。

このように分析してみると、たとえば「どんな人もかけがえのない価値を持った存在だ」・「ありのままのあなたでいいんだよ」とほんとうに言うためには、このレベルまで徹底しなければならないことがわかるだろう。価値は比較を絶してはじめてほんとうの価値として輝く。

それなのに、「あなたはありのままのあなたでいいんだよ」と言う人の多くは、この「配分的正義」の前提に立ち、まずは自分を上位に置いて安全を確保した上で、相手を自分の下に置き、そしてこう言う「あなただって価値のある人間なんだから」。

こういうことを言う連中の偽善は一目でわかる。自分は上位にいるという安心感と相手を格下に置くゲスな優越感が、自分に価値を見出せず苦しんでいる相手の辛く悲しい想いと同居できるはずがないではないか。

6　ビートたけしの詩

ここで私のお気に入りの詩をひとつ紹介しよう。ビートたけしの『僕は馬鹿になった』という詩集の中にある詩である。詩のタイトルはいったん伏せておく。以下は全文である。空欄にしてある箇所がアツいので、どんな言葉が入るのか考えてみてほしい。その答えの一部がこの詩のタイトルである。

人は何か一つくらい誇れるものを持っている
何でもいい、それを見つけなさい
勉強が駄目だったら、運動がある
両方駄目だったら、君には優しさがある
夢をもて、目的をもて、やれば出来る
「　　　　　　」、何も無くていいんだ

人は生まれて、生きて、死ぬ
これだけでたいしたもんだ[*67]

四行目の「君には優しさがある」は、六行目の「何も無くていいんだ」につながっていて、最終行の「これだけでたいしたもんだ」へとさらにつながっている。

空欄を予想するためのポイントは「夢をもて、目的をもて、やれば出来る」という言葉が「配分的正義」に立脚した言葉であるという点にある。というのもこれらの言葉は、今の自分を価値の観点で計測し、今の自分には価値がないとおとしめた上で、より価値の高い自分になることを誘導する物言いだからである。

夢を持たないより夢を持つ方が成功者になれる。価値の高い自分になれる。目的を持たずにやっても時間がもったいない。きっと成功しない。目的を持ってやらないと価値の高い自分を実現できない。やれば出来るのになぜ頑張らないの? 頑張れば上へいけるのに。世の中の「常識」はこのように私たちを常に「価値」の観点で判定しようとする。このやり方は明らかに「配分的正義」に基づいている。

このように見てみると、空欄とそのあとに続く「何も無くていいんだ」という言葉には、「配分的正義」とは正反対の立場が提示されていることがわかるだろう。つまり、空欄には「夢をもて、目的をもて、やれば出来る」を完全に

*67 ビートたけし『ビートたけし詩集 僕は馬鹿になった』祥伝社黄金文庫、二〇〇二年、四〇～四一頁。

否定する言葉が入るのである。正解は、

こんな言葉に騙されるな

である。この詩のタイトルは「騙されるな」である。「夢をもて、目的をもて、やれば出来る」を常識として刷り込めば、人間を価値付けして比較する作業の非人間性をなんとも思わなくなるだろう。そこには優しさがない。エゴイズムしかない。こんな世の中になってしまっては、人と人とが優しく生きられる社会はいつまでも実現しない。

四行目で「君には優しさがある」と書かれているのは、まだ「君」は比較地獄の非人間性に毒されきっていないからである。だから、これ以上もう毒されてはならない。夢をもて、目的をもて、やれば出来る、だと？　バカヤロー！　そんな言葉に騙されるな！

それに、もっというなら、「夢をもて、目的をもて、やれば出来る」と言って急き立てるのはきまって社会の上位者である。上から目線の連中である。前節でも指摘したように、こういう連中はまずは自分を上位に置いて自分の安全を確保した上で、相手を自分の下に置く。そして、場合によっては「あなただって価値のある人間なんだから」と持ち上げてあげる。別の場合には、「夢をもて、目的をもて、やれば出来る」と急き立てる。

しかしよく考えてみたら、「配分的正義」の社会の中で甘い汁を吸っている上位者が、その地位を誰かに譲り渡すはずがない。「夢をもて、目的をもて、やれば出来る」と言われても、そもそもそういったことさえできない世の中を作り出しているのはお前ら自身ではないか。だから、そんな言葉に騙されるな！

ビートたけしの問題意識はイエスとまったく同じであると私は思う。少し前に私は「人と人とがやさしく生きられる社会」という表現を用いた。同じ表現を「ぶどう園の労働者」のたとえの解釈の最後の方でも使った。この表現は、人間はひとりひとりがソロモンの栄華とは比べ物にならない素晴らしさ、巨大さ、美しさを持っているというイエスの人間理解に基づいて考えた私なりの「神の国」の内実なのである。

7　TRAIN-TRAIN

さらに、「人間ひとりひとりの比較を絶した価値＝かけがえのなさ」の領域を歌う曲を紹介しよう。またブルーハーツで、「TRAIN-TRAIN」という曲（作詞・作曲　真島昌利：一九八八年）である。この曲はバンドの代表曲として知られているものであるが、ブルーハーツにはすでに紹介した「ロクデナシⅡ」に加えて、他にもたくさん名曲があって、もっともっと紹介したいのであるが、やりすぎると「キリスト教の教科書」ではなくなってしまうから、本章ではあと一曲だけにする。

栄光に向って走るあの列車に乗って行こう
はだしのままで飛び出してあの列車に乗って行こう
弱い者達が夕暮れさらに弱い者をたたく
その音が響きわたればブルースは加速していく
見えない自由がほしくて
見えない銃を撃ちまくる
本当の声を聞かせておくれよ

ここは天国じゃないんだ　かと言って地獄でもない
いい奴ばかりじゃないけど
悪い奴ばかりでもない
ロマンチックな星空にあなたを抱きしめていたい
南風に吹かれながらシュールな夢を見ていたい

世界中に定められたどんな記念日なんかより
あなたが生きている今日はどんなに素晴らしいだろう
世界中に建てられてるどんな記念碑なんかより
あなたが生きている今日はどんなに意味があるだろう

「TRAIN-TRAIN」の歌詞は冒頭の「栄光」をどう理解するかということによっ

て、かなり幅広い解釈が可能だろう。ウェブ上にもいろいろな解釈が出ているようであるが、これは要するにイエスの言うところの「神の国」であり、私が言うところの「人と人とがやさしく生きられる世界」であると私は考えている。

　歌詞全体を解釈する余裕はないので、昔からの私のお気に入りの箇所だけを扱うことにする。*68 次の歌詞である。

世界中に定められたどんな記念日なんかより
あなたが生きている今日はどんなに素晴らしいだろう
世界中に建てられてるどんな記念碑なんかより
あなたが生きている今日はどんなに意味があるだろう

この箇所は、「世の中」という客観が「大事」だと定めた記念碑や記念日に対して、わたしにとって「大事」な日があるとすればそれは「あなたが生きている今日」である、という主観的な心情をぶつけているように見えるが、それだけではないと私は思う。もちろん、少なくともそういった個人的な情熱の吐露でもあるだろうが、「ぶどう園の労働者」のたとえに引き付けてみれば、さらに別の意味を持っているように思われる。

　まず、記念日や記念碑という存在は、「優劣」の「優」の側に位置するものだろう。他のものと比較して、その「価値」の大きさが認められるからこそ記念されるわけである。ここでは比較というものが前提になっている。比較があ

＊68　興味のある方はとくに一番の歌詞のAメロからBメロの分析を集中的に行った根無一信「ザ・ブルーハーツと福音」『Artes MUNDI』第六号、二〇二一年、一三八～一四六頁を読んでみて欲しい。web 上で公開されている。本節もこの論考をベースにしている。また、この論考ではブルーハーツの名曲中の名曲「リンダリンダ」についても「ドブネズミはなぜ美しいか」という観点から分析しており、本書の理解の一助にもなると思う。

る限り、必ず「優劣」がつく。

　これに対して、「あなたが生きている今日」を「素晴らしい」と喜ぶのは、「あなた」が高収入だから、美人だから、高学歴だから、スタイルがいいから、一流企業に勤めているから、家事ができるから…などではまったくない。シンプルに「あなたの存在そのもの」がそれだけですでに他のどんな属性よりも「意味がある」からである。この「意味」の大きさは、「👍いいね！」の数なんかで計測できるはずがない。

　ここには比較というものは存在せず、それゆえ「優」もなければ「劣」もない。だからエゴイズムがない。「あなたが生きている今日はどんなに素晴らしいだろう」という言葉によってエゴイズムのない場所が開示されているのである。

　一般的に「世の中の常識」が規定する「価値のあるもの」の正体とは、比較の上に成立する「優劣」の「優」である。しかしすでに述べてきたように、そのような場所には「やさしさ」はない。だから、「人にやさしく」という立場からすれば、そのような「優」にはむしろ価値はない。仮にも世の中に「価値のあるもの」があるとすれば、それは「やさしさ」がある場所に見出されるはずである。そしてこれを「ほんとうに価値のあるもの」と考えよう。イエスの次の痛烈な言葉が、この考えを支えてくれるだろう。

> 律法学者たちとファリサイ派の人々、あなたたち偽善者は不幸だ。預言者の墓を建てたり、正しい人の記念碑を飾ったりしているからだ。

……『マタイによる福音書』第二三章二九節

　誰かの功績を讃えて立派な墓や記念碑を作って飾り立てるのは、そうやって讃えられる人が他の人よりも価値があることを真理として固定する意味を持っている。誰かの「価値」を大きく扱うということは、別の人の「価値」を小さく扱うことと同じである。そういう作業ばかりして本来美しいはずの人間性をまさしくけがしてよごしているお前たちは不幸だとイエスは言っているのである。

「TRAIN-TRAIN」は「正しい人の記念碑」には興味を示さずに、「あなたが生きている今日」を大切にする。なぜなら、そこにこそ「ほんとうに価値のあるもの」があるからである。

8　金持ちとエゴイズム

　本章を終える前に、改めてエゴイズムの問題を考えておきたい。というのも、エゴイズムは実のところ「上位者」の優越にだけでなく、「下位者」の卑屈の中にも存し得る可能性があるからである。

「エゴズイム」を問題視するイエスは「優劣」の「優」の側にいる人たちを嫌い、「劣」の側の人たちに徹底的に寄り添う。だから、イエスはお金持ちを嫌う。なぜなら、お金持ちは「エゴイズム」におちいりやすい典型だからである。

はっきり言っておく。金持ちが天の国に入るのは難しい。重ねて言うが、金持ちが神の国に入るよりも、らくだが針の穴を通る方がまだ易しい。

……『マタイによる福音書』第一九章二三〜二四節

お金持ちは「神の国」へ入ることができない。財産、才能、地位、名誉、こういったものを持つ人は自己を捨てられないからである。富は力であり、力は支配である。他者を支配する人に、他者への愛が可能なはずがない。

一人の男がイエスに近寄って来て言った。「先生、永遠の命を得るには、どんな善いことをすればよいのでしょうか。」イエスは言われた。「〔…〕もし命を得たいのなら、掟を守りなさい。」男が「どの掟ですか」と尋ねると、イエスは言われた。「『殺すな、姦淫するな、盗むな、偽証するな、父母を敬え、また、隣人を自分のように愛しなさい。』」

そこで、この青年は言った。「そういうことはみな守ってきました。まだ何か欠けているでしょうか。」イエスは言われた。「もし完全になりたいのなら、行って持ち物を売り払い、貧しい人々に施しなさい。そうすれば、天に富を積むことになる。それから、わたしに従いなさい。」青年はこの言葉を聞き、悲しみながら立ち去った。たくさんの財産を持っていたからである。

……『マタイによる福音書』第一九章一六〜二二節

この言葉を私の授業で聞く学生は、この話の青年と同じような反応をする場合がけっこうあるから、念のために「清盛読み」をしておこう。イエスは「救われたいなら持ち物をすべて売り払え」と青年に迫っているが、この言葉をキリスト教の真理として固定する必要はない。つまり、この話を一般化して、「イエスは財産の所有というものを否定している」などと考える必要はない。イエスはそのときそのときの状況に臨機応変に対応して、当意即妙な切れ味鋭い返しを相手にぶつけるのであって、ここでも別に財産所有を悪と見る一般的見解を述べているのではない。

この青年はファリサイ派や律法学者ではなさそうであるが、要するに彼も律法主義的な見掛け倒しの愛をほんものの愛と勘違いしている部類の人間なのである。この青年は「隣人を自分のように愛しなさい」という掟を守ってきたと言って誇っているので、イエスはあなたの「隣人愛」はしょせんは見掛け倒しであって、馬鹿の一つ覚えのごとく「隣人愛、隣人愛」と叫んでいても何の意味もない。そんなに「隣人愛」が大事ならそれを本気でやってみなさい、と言っているわけである。

イエスは金持ちを嫌い貧乏人を愛するが、それは、金持ちがエゴイズムにおちいる存在であるのに対して、貧しい人はエゴイズムに足る自己をそもそも持たないからであるといえる。エゴイズムとは自分の利益だけを考える立場であるが、それは何かを守るための情念に支えられている。貧しい人には財産だけでなく、社会的に「価値のある」才能もない。配分的正義の論理に基づくと、そういう才能は多くの配分を得るはずだろうから、結局貧しい人に配分はいつまでも回ってこない。こんな人は守るべき自己を持たないだろう。つまり無力なのである。

それゆえ、かえってこの無力さが、他者に対するまったく打算のない愛の可能性をひらくことになる。自分を捨てたものだけが、自分を視野に入れずに瀕死のユダヤ人を助けに走ったあのサマリア人のような愛を他者に与えることができるからである。

このように考えると、金持ちは「神の国」へ入ることができないというイエスの言葉は、決して「金持ち全員アウト！」という意味で言われているわけではない点に改めて注意しておく必要がある。問題はエゴイズムにあるのだから、エゴイズムと無縁の人なら別に金持ちであっても構わないはずだからである。

逆に、「優劣」の「劣」の側にいる人も、自分のコンプレックスや不幸を他者と比べて、ひがんだり、妬んだり、恨んだりするような人は、それはそれでエゴイズムの塊であるだろう。強者を妬む弱者は、弱者を蔑む強者と同じで、エゴイズムに支配されている。

ここで紹介しておきたいのは、ニーチェ（一八四四～一九〇〇）によるキリスト教批判である。「神は死んだ」と宣言したニーチェは、キリスト教を、弱者が強者に対して持つ妬みや憎しみを本質とする奴隷道徳の宗教だとしてこき下ろした。こういう奴隷道徳が、力強く生きようとする強者の足を引っ張り、強者の力を制限し、結果的にどの人も平板な没個性の大衆社会をもたらしているのだ、と考えた。

これを本書の言葉で表現するなら、ニーチェは「劣」の側のエゴイズムを糾弾した、ということになる。ニーチェはキリスト教を徹底的に批判して葬り去ろうとしたが、その思想の内実の点では、イエスと同じ問題意識に貫かれていたといえるような気がする。*69

＊69　この点についてはとくに八木誠一『パウロ』清水書院、一九八〇年から学んだ。

9　最終章に向けて

これで本書の中心に位置づけられるイエス論はおしまいである。読者がこれまで持っていたイエス（＝「キリストさん」）のイメージはガラっと変わったのではないだろうか。イエスはユダヤ教徒であり、律法にも相当詳しかっただろうから、その意味では宗教者である。しかし、ここまで読み進めてこられた方は、「そういえばイエスはぜんぜん宗教臭くないな」と感じておられるのではないだろうか。本書の「はじめに」で述べたとおり、ただ題材が宗教であるだけであって、人間として腹が立つことに対してイエスはまっとうに腹を立てている、ということがよくおわかりいただけたのではないかと思う。

私は『福音書』の中でもとりわけ宗教臭がしなさそうな箇所を選んで紹介したわけでない。むしろ、一般的に「キリスト教」といえばこの言葉、というようなものを多く紹介している。つまり、「清盛読み」ができれば、言い方を変えると、『福音書』を書いた著者が何を伝えようとしたのかということに耳を傾ければ、イヽエヽスヽは大ヽ酒ヽ飲ヽみヽであり大ヽ食ヽ漢ヽであヽっヽたヽということが見えてくるのである。

イエスは「罪びと」のところへ行き、「あなたは罪びとではない」「あなたはけがれてなんかいない」「病気の原因が犯した罪にあるなら、そんな罪は私が消し去ってやる！」と言って人々と触れ合い、飲み食いした。このようなイエスの態度に触れるだけで、自分の救われなさから自由になれた人もいただろうし、ほんとうに病気が治ってしまった人も中にはいただろう。誰も近寄ってくれなかったのにイエスだけは家に来て一緒に飲み食いしてくれた。それがすでに「罪びと」にとっては奇跡そのものであったことだろう。

こういう豪胆な人物に「然りは然り、否は否！」と論破された連中は、当然彼のことを煙たく思うだろう。ユダヤ教の敵であると見なし、迫害するに違いない。常識をひっくり返す巨大な精神を持つ人は、いつの時代も疎まれるものだ。イエスに遡ること四〇〇年前、古代ギリシアのソクラテスがまさにイエスと同じ経緯をたどって迫害される。

ソクラテスは哲学の祖とされる人物である。イエスと同じで自分で何かを書き残しはしなかったので、弟子がソクラテスについていろいろ書いている。それらの本を読むと、あきらかにただものではない匂いがプンプンする。ソクラテスもイエスと同レベルの魅力的な人物だと私は思う。ここでソクラテスについて語る時間はないので、詳しくはぜひ「ネム船長シリーズ」の第一作『ソクラテスからの質問――「価値は人それぞれ」でいいのか』をお読みいただきたい。

「価値は人それぞれ」とか「みんな違ってみんないい」とか「ダイバーシティー・アンド・インクルージョン」は現代の常識だろうが、ソクラテスならこれらをぶった切ってそこにある偽善を暴き出すことだろう。実に痛快である。

　さて、今私はソクラテスがまさにイエスと同じ経緯を辿って迫害されたと書いた。迫害の結果も同じである。刑死である。毒を飲んで刑死したソクラテスについては右の本に譲るとして、イエスは磔《はりつけ》にされて殺されることになる。そしてこの出来事が、イエスの弟子だけでなく、その後の世界の歴史にとってものすごく大きな「結果」をもたらすことになった。その「結果」とは何か。キリスト教の誕生である。

　キリスト教はイエスの刑死を本質的な条件として成立している宗教である。十字架にかけられたイエス像というあのビジュアルを知らない人はいないと思われる。なぜキリスト教というとそのイメージなのかというと、イエスの十字架刑がキリスト教の成立にとって本質的な役割を演じているからである。

　この点で、イエスは仏教のゴータマ・シッダールタやイスラームのムハンマドとは違っている。ゴータマもムハンマドも当然人間であるから或るときに死んだわけだが、その死は宗教の成立そのものにとってとくに重大で本質的な意味を持つわけではない。もちろん当事者における死後の伝説化という点ではイエスと同じであって、奇跡譚を含むエピソードが数多く作られることになり、それがその宗教の信者にとって重要である場合もあるかもしれない。しかし、それはその宗教の成立そのものとは関係がない。だが、イエスの場合は違う。

キリスト教の成立そのものにイエスの死が関わっている。だから、イエスの死は特別なのである。

なぜ特別なのだろうか。より正確に言うと、なぜイエスの死は一つの宗教を成立させるほどに特別な意味を持つに至ったのだろうか。これが最終章のテーマである。

第8章 キリスト教の成立

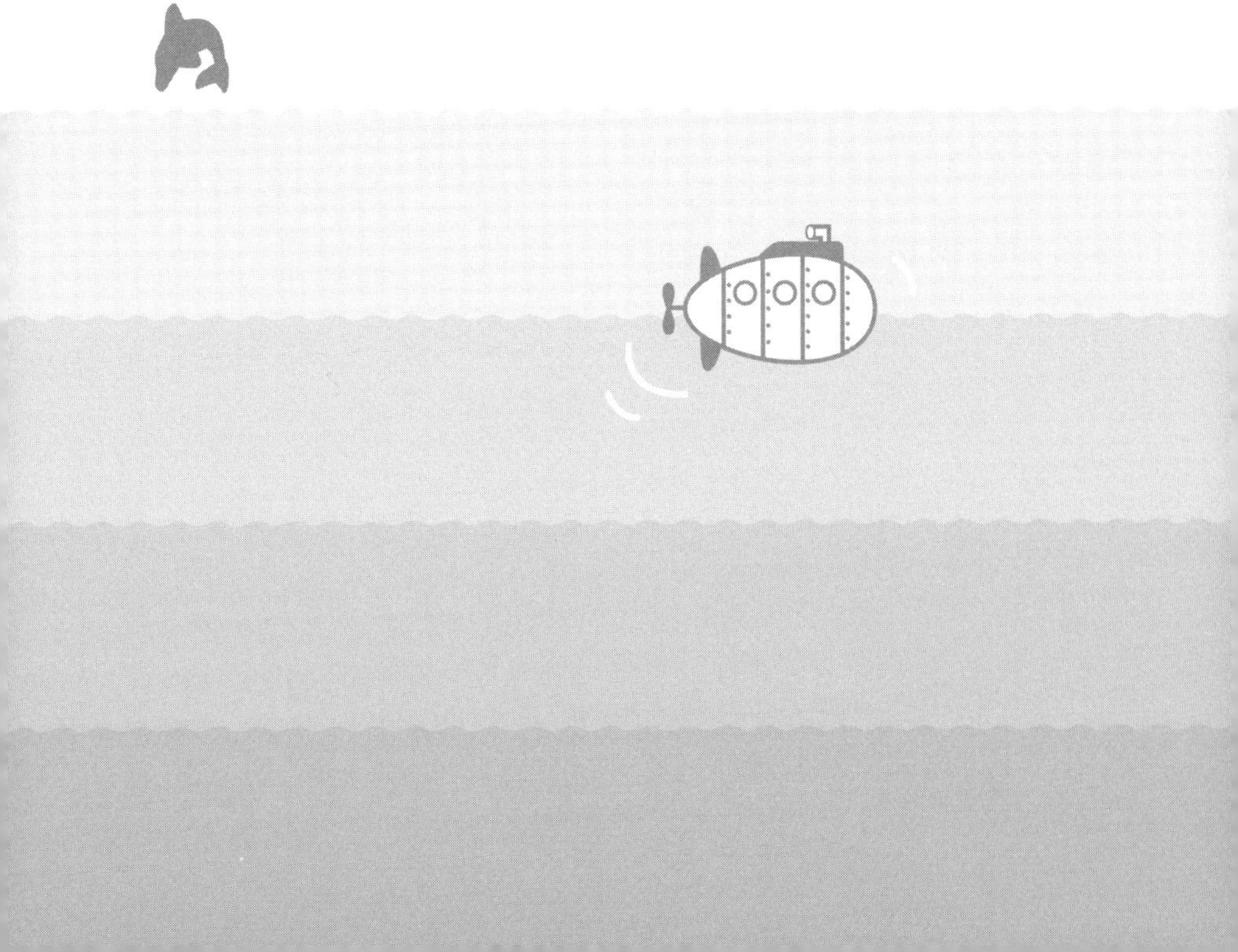

ネム船長の羅針盤

十字架刑によって死んでしまったイエスは、三日後に復活したと聖書には書かれている。復活したイエスを見た弟子たちは、イエスをますます「救世主」であると確信するようになる。そして、この確信を強化したのは、実のところ『旧約聖書』であった。

「彼が刺し貫かれたのはわたしたちの背きのためであり
彼が打ち砕かれたのはわたしたちの咎《とが》のためであった。
彼の受けた懲らしめによってわたしたちに平和が与えられ
彼の受けた傷によって、わたしたちはいやされた」

……『イザヤ書』

1 「メシア」とは何か

第五章からここまで、イエスが何を言い、どういうことを行なってきたのかということを見てきた。イエスの活動とは要するに、ユダヤ教の過剰な主意主義的律法主義を痛烈に批判し、アタマできちんと理解できる「まともなユダヤ教」にリニューアルしようとした改革運動であったといえるだろう。

イエスは一躍ときの人となり、イエスこそ「メシア」ではないかという期待が膨らみ始めてくる。ここで問題になるのが、「メシア」の意味である。日本人が「メシア＝救世主」という概念を耳にするとすれば、それは間違いなくキリスト教絡みの文脈だろう。それゆえ、「メシア」とは宗教的な意味の救世主、精神的に救ってくれる存在、といったイメージを持っている人が多いと思うが、本来のニュアンスはぜんぜん違っている。ユダヤ人たちにとって「メシア」とは「ローマ帝国の支配からの解放」を実現する政治的・軍事的救世主のことだったからである。

「メシア」はヘブライ語で「油を注がれた」という意味である。これはオリーヴ油を頭から注ぐ聖なる儀式にちなむもので、名誉ある任職を意味し、多くの場合は王の任命の際に行われた。イスラエル王のサウル、ダヴィデ、ソロモンは「メシア」であるし、バビロン捕囚からユダヤ人たちを解放したペルシアのキュロス王も『旧約聖書』の中では「メシア」である。

『新共同訳聖書』の『旧約聖書』の部では、ヘブライ語の「mashiach」という語は「メシア」とか「救世主」とは訳されず、「油を注がれた者」とか「油を注がれた」と訳されている。この『新共同訳聖書』というのはカトリックとプロテスタントの「共同訳」、つまりキリスト教側で作られた『聖書』であるから、恐らくユダヤ的伝統概念の「メシア」とキリスト教的な「メシア」とを区別するために、『新約聖書』の方だけ「救世主」とか「メシア」とか「キリスト」

と訳しているのだろうと思われるが、ヘブライ語の「メシア」という言葉そのものは『旧約聖書』の方にも恐らく合計一五〇箇所以上に出てくる。「メシア」と呼ばれるただの人（といっても王とか祭司だが）がこうもたくさんいては、イエスの特別さが薄らいでしまうとして配慮したのだろうか。

いずれにせよ、ユダヤ社会の中で「メシア」と目される人物というのは、少なくとも「政治的・軍事的救世主」というような意味で期待されることになるわけである。ところが、イエスの活動にはまったくそのような気配がない。社会的弱者のところに行くが、それは彼らを煽り立てて反乱軍を形成するためではない様子である。他方で、急激に人気を集めつつあるイエスの一団は、急激に人気を集めつつあるというまさにその点において、何かよからぬ計画でも企てているのではないかと支配者側に疑われもする。また、ファリサイ派を中心とする律法主義者たちからすれば、イエスの仲間たちは露骨な律法無視を続けている危険分子でもある。いつのまにか、イエスを取り囲む状況は不穏なものになっていた。

2　イエスの死

イエスがどのような経緯で死刑になったのか、簡単に見ておこう。イエスは「最後の晩餐」のあと、ローマの兵士たちに逮捕され、ユダヤ教の裁判所のようなところやユダヤ王のところなど、あちこち連れ回されるのであるが、最後はローマ帝国におけるユダヤ属州の総督ピラトに引き渡され、そこで判決を受けることになる。

なぜそんなことになったのかというと、イエスを恨むユダヤ教指導者たちがイエスを死刑にするように訴えたからである。『福音書』によれば、ピラトはイエスをかばおうとするが、ユダヤ人群衆は「イエスを死刑にしろ、十字架につけろ」と要求し続けたので、やむなく死刑を確定させたということになっている。

十字架刑はローマの法律に基づく刑罰である。この処刑法は政治犯、逃亡奴隷、凶悪犯などに対するもので、最も重たい罪を犯したとされる者に与えられるものである。日本人は十字架刑というと磔《はりつけ》にされた罪人を下から槍で突き刺すイメージを持つだろうが、ローマ帝国における磔刑のやり方はそうではない。絵を見ていただくとわかるが、手と足を釘で十字架に打ち付け、そのままの状態で放置するというものである。

釘で手と足を刺し貫かれる痛みを思うと身震いするが、それで死ぬわけではない。ではどうして死ぬのかというと、自分の体を支えることができなくなって呼吸ができなくなり、窒息死するのだそうである。体の頑丈な人なら一週間ぐらいは生き延びてしまうことがあったらしい。じわじわ殺すという非常に残酷なやり方であったことがわかる。

イエスはいったいなぜこんな重い刑罰を受けるはめになったのだろうか。それはイエスが架けられた十字架を見ればわかる。イエスの頭の上には「INRI」

ルネサンス期のイタリア人画家アンドレア・マンテーニャ（一四三一～一五〇六）による画「磔刑」の一部

と書かれている。これが罪状のようなものである。これはラテン語「Iesus Nazarenus Rex Iudaeorum」の頭文字で、「ユダヤの王であるナザレのイエス」という意味である。「ナザレのイエス」はよいとして、「ユダヤの王」とは何か。「イエスはユダヤ王だ」ということだが、これは要するに、イエスはユダヤ王の称号を勝手に名乗ってローマへの謀反を企てた逆賊だと言っているのである。ユダヤ教指導者たちは、ローマ帝国に頼んで、イエスをローマ帝国に対する謀反人として裁いてもらったことになる。そんな無茶なことがあるかと思うが、これは歴史的事実であることに間違いないそうである。

ともかく、こうしてイエスは十字架刑に処せられて死んでしまった。この経緯の詳細についてはいろいろな本に書いてあるし、インターネットを調べればいくらでも出てくるから、興味のある方はそちらを調べていただきたい。ここではイエスの死刑が確定するところから死んでしまうところまでを『福音書』で見てみよう。

中略をはさみながらも長めに引用するのは、私が解説する手間を省くためである。わかりやすいストーリーなので、そのまま読むことができる。いきなりもう一人のイエスが出てくるが、混乱してはいけない。本書の「はじめに」で書いたように、イエスというのはこの地域によくある名前である。

ところで、祭りの度ごとに、総督は民衆の希望する囚人を一人釈放することにしていた。そのころ、バラバ・イエスという評判の囚人がいた。ピラトは、人々が集まって来たときに言った。「どちらを釈放してほしいのか。バラバ・イエスか。それともメシアといわれるイエスか。」人々がイエスを引き渡したのは、ねたみのためだと分かっていたからである。

一方、ピラトが裁判の席に着いているときに、妻から伝言があった。「あの正しい人に関係しないでください。その人のことで、わたしは昨夜、夢で随分苦しめられました。」しかし、祭司長たちや長老たちは、バラバを釈放して、イエスを死刑に処してもらうようにと群衆を説得した。

そこで、総督が、「二人のうち、どちらを釈放してほしいのか」と言うと、人々は、「バラバを」と言った。ピラトが、「では、メシアといわれているイエスの方は、どうしたらよいか」と言うと、皆は、「十字架につけろ」と言った。ピラトは、「いったいどんな悪事を働いたというのか」と言ったが、群衆はますます激しく、「十字架につけろ」と叫び続けた。

ピラトは、それ以上言っても無駄なばかりか、かえって騒動が起こりそうなのを見て、水を持って来させ、群衆の前で手を洗って言った。「この人の血について、わたしには責任がない。お前たちの問題だ。」民はこぞって答えた。「その血の責任は、我々と子孫にある。」そこで、ピラトはバラバを釈放し、イエスを鞭打ってから、十字架につけるために引き渡した。

〔…〕イエスの頭の上には、「これはユダヤ人の王イエスである」と書いた罪状書きを掲げた。折から、イエスと一緒に二人の強盗が一人は右にもう一人は左に、十字架につけられていた。そこを通りかかった人々は、頭を振りながらイエスをののしって、言った。「〔…〕神の子なら、自分を救ってみろ。そして十字架から降りて来い。」

同じように、祭司長たちも律法学者たちや長老たちと一緒に、イエスを侮辱して言った。「他人は救ったのに、自分は救えない。イスラエルの王だ。今すぐ十字架から降りるがいい。そうすれば信じてやろう〔…〕。」

さて、昼の一二時に、全地は暗くなり、それが三時まで続いた。三時ごろ、イエスは大声で叫ばれた。「エリ、エリ、レマ、サバクタニ。」これは、「わが神、わが神、なぜわたしをお見捨てになったのですか」という意味である。そこに居合わせた人々のうちには、これを聞いて、「この人はエリヤを呼んでいる」と言う者もいた。そのうちの一人が、すぐに走り寄り、海綿を取って酸いぶどう酒を含ませ、葦の棒に付けて、イエスに飲ませようとした。ほかの人々は、「待て、エリヤが彼を救いに来るかどうか、見ていよう」と言った。しかし、イエスは再び大声で叫び、息を引き取られた。

……『マタイによる福音書』第二七章一五～五〇節

夢による判断や暗くなる大地といったあり得なさそうな要素があるが、それはもういいだろう。終盤に出てくる「エリヤ」というのは、北イスラエル王国時代に活躍した預言者で、ユダヤ教ではモーセ以降の最大の預言者とされている人物である。終末に現れるメシアの前にまずエリヤが再来するという考えもあったから、周囲はこのように反応したのだともとれるが、これもまあいいだろう。

　また、イエスの「エリ、エリ、レマ、サバクタニ」については人々の興味をそそるらしく、なぜイエスは死ぬ直前にこのようなことを言ったのかということについていていろいろな解釈があるようだが、本書の問題意識にとってはとくに重要でもないので、これも興味のある人は自分で調べてみて欲しい。

3　復活するイエス

　イエスは死んでしまった。弟子たちはイエスが死んでしまったことに衝撃を受ける。弟子たちはイエスが「メシア」であり「神の子」であると信じていたからである。どうもイエス自身は自分はいかなる意味でも「メシア」ではないと考えていたようなフシがあるが、弟子たちをはじめ、周囲の人たちはイエスを「特別な存在者」として認識していたので、イエスはほんとうに「神の子」であったのか怪しんだようである。

　しかし、イエスがすごいのはここからである。なんと、死んだあと三日目に復活するからである。イエスはこれまで見てきたようにいろいろな奇跡を行なっているが、やはりなんといっても一番すごいのは自身の復活だろう。

「清盛読み」ができない人にとっては、キリスト教の一番うさんくさいのはイエスの復活だと思われる。人間は一度死んだらそれでおしまいであって、昔の人は生き返る能力があったのだろうかなどと考える人がいたらそれこそアホである。イエスは死んだ。だから絶対に生き返ることはない。

原理主義者ならイエスの復活を歴史的事実として考えるだろうが、「清盛読み」をする私たちとしてはそんなことをべつに信じる必要はない。*70 おそらく残された弟子たちの誰かがイエスの夢を見たとか、幻覚のようなものを見たとか、そういうことがあったのかもしれないし、イエスという大人物の死をみなで悲しみつつも、思い出話に花を咲かせていたら、なんとなくその場にイエスがいるような気がした、とか、そういうような経験があったのだろうと思われる。

興味深いのは、『マタイ』と『マルコ』の記事である。イエスの墓の様子を見に来た女性たちに、『マタイ』の場合は直接姿を現したイエスが「ガリラヤへ行けばわたしに会うことになる」と言い、『マルコ』ではイエスが復活したことを知らせる天使が現れて「ガリラヤに行けばあの方にお目にかかることができる」と言うのである。ガリラヤが鍵を握っていることは間違いない。つまり、ガリラヤへ行けばイエスとともに飲み食いしたあの人たちがいて、そういう場所でこの稀代の痛快男の思い出はずっと語り継がれているから、ガリラヤへ行けばあたかも生前のイエスに触れることができるかのようだという、そういう経験を弟子の誰かがしたのかもしれない。*71

さて、イエス復活のウワサは弟子たちにも届いており、にわかにザワついているところへイエスがついに現れる。

こういうことを話していると、イエス御自身が彼らの真ん中に立ち、「あ

*70　キリスト教系の学校の多くで教科書として用いられている斎藤正彦『キリスト教の歴史』新教出版社、二〇一一年（初版は一九六六年）では、「キリスト教は、人間が頭の中で考え出した思想や教えによってつくられた宗教ではなく、イエス・キリストの生涯と十字架、および復活という歴史的な出来事にもとづいて生まれたものである」と書かれている（一一頁）。傍線を引いたのは私である。この傍線部を見ればこの教科書の著者の立場は明らかであろう。イエスの「十字架」だけでなく「復活」についても「歴史的な出来事」としてかくもあっさりと提示されていることがわかる。中学校や高校でこういう教科書を読まされた読者もいるかもしれないが、こういう箇所は「清盛読み」をして、「ああなるほど、この著者はイエスの復活を歴史的事実として信じているのだな」と理解しておけばそれでよいだろうとだけ言っておく。

*71　この解釈は田川建三訳著『新約聖書　訳と註1　マルコ／マタイ』作品社、二〇〇八年、四八九頁に学んだ。感動的な解釈である。

なたがたに平和があるように」と言われた。彼らは恐れおののき、亡霊を見ているのだと思った。そこで、イエスは言われた。「なぜ、うろたえているのか。どうして心に疑いを起こすのか。わたしの手や足を見なさい。まさしくわたしだ。触ってよく見なさい。亡霊には肉も骨もないが、あなたがたに見えるとおり、わたしにはそれがある。」

こう言って、イエスは手と足をお見せになった。彼らが喜びのあまりまだ信じられず、不思議がっているので、イエスは、「ここに何か食べ物があるか」と言われた。そこで、焼いた魚を一切れ差し出すと、イエスはそれを取って、彼らの前で食べられた。

……『ルカによる福音書』第二四章三六〜四三節

弟子たちの前に現れたイエスであったが、弟子たちは最初は亡霊だと思っていぶかしんでいる。そこでイエスは手と足を見せる。十字架につけられたときに釘で打ち付けられた痕を見せるためである。これで「ホンモノだ！」と納得した弟子たちはイエス復活を喜ぶ、というストーリーである。面白いのは、ここでもやはりイエスはメシを食うことである。おそらく弟子たちが差し出した一切れの焼き魚では彼を満足させることはできなかったに違いないが！

こうしてイエスは弟子たちに失望せず宣教を続けるように励まし続けた。四〇日間弟子たちの前に現れたのち、天に昇っていったと『福音書』には書かれている。こういう次第で、弟子たちは「やっぱりイエスは神の子だったのだ」

と考えるようになる。彼らはイエス昇天の一〇日後、自殺したユダの代わりにマティオをくじ引きで選出して一二使徒の形を整え、宣教へ向けて動き始めていた。すると、不思議な出来事が起こった。

一同が一つになって集まっていると、突然、激しい風が吹いて来るような音が天から聞こえ、彼らが座っていた家中に響いた。そして、炎のような舌が分かれ分かれに現れ、一人一人の上にとどまった。すると、一同は聖霊に満たされ、〝霊〟が語らせるままに、ほかの国々の言葉で話しだした。

……『使徒言行録』第二章一～四節

この記事は、彼らはもはやユダヤ社会にとどまってユダヤ教の内部改革を行うだけでなく、外の世界へ出て行くことを伝えているだろう。弟子たちはペトロをリーダーにして、各地へ進出していくことになる。*72

4　贖罪死

とはいえ、弟子たちはイエスについて解釈すべき二つの大きな問題に直撃されていた。それはまずは「イエスの死」であり、もう一つは「イエスのメシア性」である。イエスはなぜこのような死を遂げたのか。そして、「救世主」であるイエスはいったい何の救世主であったのか。この二点である。弟子たちは

＊72　イエスの死後、わりとすぐにいろんな集団（教団）が成立するので、イエス死後の流れを一元化して話すのは厳密ではないのであるが、そのあたりの話は本書の守備範囲を大きく超えるので、キリスト教の歴史関係の本に譲る。

この二点をどのように理解するのだろうか。彼らが説いたのはまずは「贖罪死《しょくざい》」という概念である。

ユダヤ教の伝統では、罪を犯したりけがれに触れたりした場合、それを贖《あがな》う方法があることはすでに話した。神殿にたくさんの動物を生贄として捧げるやり方がそうである。これはユダヤ教だけに限ったことではなく、古代の多くの宗教で取り入れられていた儀式である。

少し脱線するが、そもそも「宗教」の「宗」という文字は「神への生贄から血が流れる様子」を表す表意文字である。「宗」という漢字は「ウ」と「示」から成るわけであるが、「ウ」は建物を意味する。では「示」は何かというと、これが面白い。「示」の中央にある「丁」は机である。「丁」の上にある「一」は生贄である。そして「丁」の左右にある「ちょんちょん」はその生贄から流れる血である。これらの情報をまとめると、「示」とは「神へ生贄を捧げること」であり、転じて「神そのもの」を意味するものであった。

とすると、「宗」とは神のための建物ということになるが、漢字の故郷である中国では「神」とは先祖の霊であるから、結局「宗」というのはもともと「祖先の霊を祀る建物」、すなわち「霊廟・墓」であったことになる。ここからどう転じていけば「宗教」という言葉が出てくるのかは、宗教学の教科書に譲ることにして、先へ進むことにしよう。

生贄を捧げる宗教は世界にたくさんあった。一般的な意味では、神を喜ばすためであるといえるが、ニュアンスの違いによって「神への感謝」や「神への祈願」になるだろう。けがれの浄化を目的とする場合は「神への祈願」のタイプで、その内実は「神に罪の贖いをお願いする」ということになろうし、「神への感謝」のタイプとしては収穫の初物や家畜の初子を捧げるいわば感謝祭・豊年祭のようなものがあてはまるだろう。

こういう宗教的土壌において、一つの死が贖罪と結びつくことになったといえる。『ヨハネ』の中にはイエスを生贄の小羊にたとえる言葉がある。

ヨハネは、自分の方へイエスが来られるのを見て言った。「見よ、世の罪を取り除く神の小羊だ〔…〕。」

……『ヨハネによる福音書』第一章二九節

ここに出てくるヨハネは『ヨハネによる福音書』の著者と考えらえるヨハネとは別の人物である。ヨハネさんもよくある名前のようで、『聖書』にはいろいろなヨハネさんが登場する。ここのヨハネはイエスの先達として位置づけられるヨハネで、イエスに洗礼を与えたとされる人物である。人々はこの洗礼者ヨハネをメシアだと考えようとしたが、ヨハネが「私はそうではない。私のあとに来る人がそうだ」と言ったことになっている。この「私のあとに来る人」が、ほかならぬイエスということになる。

洗礼者ヨハネが実際にイエスのことを「世の罪を取り除く小羊だ」と言ったかどうかは今はどうでもいい問題で、クリスチャンである『ヨハネ』の著者がイエスのことをそのように書いたという事実が重要である。つまり、キリスト教はイエスを「罪を贖うために犠牲になった小羊」として把握していたことがわかるからである。

イエスは自らを犠牲にして自分たちを救ってくださったのだと弟子たちは考えた。「イエスの死」と「メシア性」はこうして結び付く。しかし、重要なのは、「メシア」による「贖罪死」という考え方の中身である。「メシア」によって贖われた「罪」とは一体何のことなのだろうか。この点が明確に表れている文章をひとつ引用する。

キリストは新しい契約の仲介者なのです。それは、最初の契約［＝旧約］の下で犯された罪の贖いとして、キリストが死んでくださったので、召された者たちが、既に約束されている永遠の財産を受け継ぐためにほかなりません。

……『ヘブライ人への手紙』第九章一五節

一読して明らかだろうが、ここで述べられているのは、律法を遵守すべしという神との契約を正しく履行できなかったことによって生じた罪をイエスの死が帳消しにしてくれたという考え方である。

意外かもしれないが、これを読むと、弟子たちはまだ伝統的ユダヤ教の思考の枠組みの中にいることがよくわかるだろう。「最初の契約の下で犯された罪の贖いとして、キリストが死んでくださった」という考え方は、これまで犯した罪がせっかく帳消しになったのだから、今後はきちっと律法を守ろうという考えにすぐに結び付く。なんだ、それは。律法主義の立場そのものではないか。イエスは弟子たちの無理解を嘆いたに違いない。

5　イエスの「メシア化」

右の引用の中に出てきた「イエスは新しい契約の仲介者である」という考え方を弟子たちがそもそも成立させることができたのも、実は弟子たちが伝統的ユダヤ教の圏内にいたからである。つまり、弟子たちはイエスが「新しい契約の仲介者」であるとなぜ確信できたのかというと、『旧約聖書』の中にイエスのことを預言しているような記述があると弟子たちには思われたからである。つまり、「新約」の考え方の正当性をクリスチャンに確信させたのは『旧約聖書』なのであった。弟子たちによるイエスの「メシア化」は、『旧約聖書』の記述による裏付け作業を通して行われたといえる。

すでに見た『ヨハネ』の「罪を取り除く神の子羊」も『旧約聖書』の思想がベースになっているわけだが、『新約聖書』の中にはもっと具体的に『旧約聖書』に触れながら、「ほら、『旧約聖書』のこの記述はイエスのことを言っているのですよ」といった仕方でイエスと『旧約聖書』を関係させる箇所がたくさん出てくる。たとえば次の記述である。とくに解説しなくても、著者の主張はよくわかると思う。中に出てくる「詩編」とはもちろん『旧約聖書』を構成する文書の一つである。

わたしたちも、先祖に与えられた約束について、あなたがたに福音を告げ知らせています。つまり、神はイエスを復活させて、わたしたち子孫のためにその約束を果たしてくださったのです。それは詩編の第二編にも、
『あなたはわたしの子、
わたしは今日あなたを産んだ』
と書いてあるとおりです。また、イエスを死者の中から復活させ、もはや朽ち果てることがないようになさったことについては、
『わたしは、ダビデに約束した聖なる、
確かな祝福をあなたたちに与える』
と言っておられます。ですから、ほかの個所にも、
『あなたは、あなたの聖なる者を
朽ち果てるままにしてはおかれない』
と言われています。

……『使徒言行録』第一三章三二～三五節

この文の書き手は、ほらね、ここにも書いてあるしここにも書いてあるでしょ、と嬉しそうに筆を走らせているような気がする。

イエスを予言するものとして読めてしまう『旧約聖書』の記述として、一番有名なのは恐らく次に紹介する『イザヤ書』の一節である。やや長いが、イエスにかなり当てはまっているように読めてしまうので面白い。

彼が担ったのはわたしたちの病
彼が負ったのはわたしたちの痛みであったのに
わたしたちは思っていた
神の手にかかり、打たれたから
彼は苦しんでいるのだ、と。
彼が刺し貫かれたのは
わたしたちの背きのためであり
彼が打ち砕かれたのは
わたしたちの咎のためであった。
彼の受けた懲らしめによって
わたしたちに平和が与えられ
彼の受けた傷によって、わたしたちはいやされた。
わたしたちは羊の群れ
道を誤り、それぞれの方角に向かって行った。
そのわたしたちの罪をすべて
主は彼に負わせられた。

苦役を課せられて、かがみ込み
彼は口を開かなかった。
屠《ほふ》り場に引かれる小羊のように
毛を刈る者の前に物を言わない羊のように
彼は口を開かなかった。
捕らえられ、裁きを受けて、彼は命を取られた。
彼の時代の誰が思い巡らしたであろうか
わたしの民の背きのゆえに、彼が神の手にかかり
命ある者の地から断たれたことを。
彼は不法を働かず
その口に偽りもなかったのに
その墓は神に逆らう者と共にされ
富める者と共に葬られた。
病に苦しむこの人を打ち砕こうと主は望まれ
彼は自らを償いの献げ物とした。
彼は、子孫が末永く続くのを見る。
主の望まれることは
彼の手によって成し遂げられる。

……『イザヤ書』第五三章四〜一〇節

メンバー全員が熱心なクリスチャンであることをウリにする「ストライパー」というアメリカのロックバンドがある。ハイテクニックの楽器演奏とハイトーンの美しいヴォーカルがかっこいいのであるが、聖書を投げる過激なライブパフォーマンスでも知られている。それはともかく、このバンドのアルバムジャケットのいつくかには「ISAIA 53:5」と書かれている。これはいま引いた『イザヤ書』の第五三章五節、「彼が刺し貫かれたのはわたしたちの背きのためであり、彼が打ち砕かれたのはわたしたちの咎のためであった。彼の受けた懲らしめによってわたしたちに平和が与えられ、彼の受けた傷によってわたしたちはいやされた」という箇所のことである。この「イザヤ書第五三章五節」は『新約聖書』の著者が書いたのかと思うほど見事に「イエスの贖罪死」の考えに当てはまっているだろう。

あと一つ、『旧約聖書』から引いておく。『旧約聖書』の中に「新約」の発想が出ていることがわかる。これもまた、イエスを予言するものとして読めてしまうわけである。

見よ、わたしがイスラエルの家、ユダの家と新しい契約を結ぶ日が来る、と主は言われる。この契約は、かつてわたしが彼らの先祖の手を取ってエジプトの地から導き出したときに結んだものではない。わたしが彼らの主人であったにもかかわらず、彼らはこの契約を破った、と主は言われる。しかし、来るべき日に、わたしがイスラエルの家と結ぶ契約はこれである、と主は言われる。すなわち、わたしの律法を彼らの胸の中に授け、彼らの心にそれを記す。わたしは彼らの神となり、彼らはわたしの民となる。〔…〕わたしは彼らの悪を赦し、再び彼らの罪に心を留めることはない。

……『エレミヤ書』第三一章三一～三四節

引用最終部の「わたし［＝神］は彼ら［＝ユダヤ人］の悪を赦し、再び彼らの罪に心を留めることはない」という神のセリフは、まさに神との間に結ばれた新しい契約によって罪が贖われたことを言っているだろう。この罪の贖いはイエスの犠牲によって成し遂げられたのだ、と弟子たちは考えたのである。また、「律法を彼らの胸の中に授け、彼らの心にそれを記す」という文言も、律法を形式的に守ることをひたすら重視する従来の律法主義とは違う次元を示しており、この契約の「新しさ」が伺われるというものである。

ところで、『旧約聖書』を用いてイエスをメシア化する発想の延長線上にあるのが、日本人も大好きな冬の祭り、すなわちクリスマスである。すでにイエスの出生について述べた際にイエスの誕生日は一二月二五日ではないことに触れたが、後世のクリスチャンがこの日をイエス誕生の祝祭日に設定したことには理由がある。

当時のローマ帝国でもっとも大きな力を持っていた宗教は、とくに太陽神を信仰するミトラ教という多神教で、この太陽神のお祭りが冬至に行われていた。一年の中で最も日照時間の短い日が冬至である。だから、太陽はこの日を境に一度死んで新たに誕生する、すなわち復活すると考えられていた。「太陽の誕生」あるいは「太陽の復活」を祝うのが冬至のお祭りであった。

ところで、『旧約聖書』の中の『マラキ書』には、「わが名を畏れ敬うあなたたちには義の太陽が昇る。その翼にはいやす力がある」（第三章二〇節）として、救世主としての「義の太陽」の出現を予言する文言がある。そして、クリスチャンたちはこの「義の太陽」はイエスにほかならないと理解した。つまり、『旧約聖書』のここにも救世主イエスのことが書かれているぞ、というわけである。

イエスは太陽である。そうすると、ミトラ教の冬至のお祭りにきれいにフィットすることになる。太陽の誕生・復活は、イエスの誕生・復活にほかならない。かくして、クリスチャンはミトラ教の冬至の日を借用し、やがてミトラ教が衰退するにおよんで、完全に自分のものにしたということになる。いわば、完璧な「借りパク」である。

クリスマスを祝う人は、その定義上、『旧約聖書』によってイエスをメシア化する作業を行っているともいえるので、その点では間違いなく一二月の日本はクリスチャンであふれかえる世界最高水準のキリスト教大国である。まあこういう皮肉はこれぐらいにしておくが、私自身は「メリークリスマス」というワードを口に出して言ったことは一度もないと言っておく。私はクリスチャンではない。*73

＊73　私はクリスチャンではないがイエスのことが大好きなので、そういう人のことを半分冗談で「イエスチャン」と呼んだりもするが、「イエスチャン」という言葉にはどうも主意主義的な雰囲気がまとわりついているような気がするので私は好きではない。

6　パウロの回心

さて、イエスを「救世主」と見なす思想は、まずは「私たちはイエスの贖罪死に基づいて神に義［＝正しい］とされる」という考え方を形成したことになる。罪は贖われたのでこれ以上は罪を犯さないようにして律法を守ろうという考え方になるわけであるが、このような考えを持って広く宣教する原始教団には、解決すべき一つの厄介な問題があった。キリスト教に改宗した異邦人に律法を守らせるかどうかという問題である。この問題を伝える興味深い記事がある。

使徒たちとユダヤにいる兄弟たちは、異邦人も神の言葉を受け入れたことを耳にした。ペトロがエルサレムに上って来たとき、割礼を受けている者たちは彼を非難して、「あなたは割礼を受けていない者たちのところへ行き、一緒に食事をした」と言った。

……『使徒言行録』第一一章一〜三節

これは異邦人（非ユダヤ人）もクリスチャンになったという話を伝える記事なのであるが、ペトロがそういう異邦人クリスチャンと食事を一緒にしたことを、割礼を受けているユダヤ人クリスチャンが非難したというのである。イエスの弟子たちの教団はこの時点ではまだ律法主義の圏内にいたから、その意味ではまだキリスト教ではなくユダヤ教である。だから、ユダヤ人がこの教団に入るのは問題ないとして、非ユダヤ人が入信する場合には割礼が必要かどうかという問題が生じることになる。ユダヤ教は割礼を神と契約を結んだ印であると見なす伝統を持っているからである。

原始教団はこの問題をどのように解決するのだろうか。ペトロが非難されたこの記事を読むと、早くも意見の食い違いによる内部分裂の兆しがあったようにも見えるが、結果的に分裂は起こらなかった。それは、「贖罪死」とは別のもう一つの重要な考え方が打ち出されることになり、問題が解決されたからである。この考え方にこそ、ユダヤ教の異端的一派としてみなされていたイエスの仲間たち、すなわち「ナザレ人の分派」（『使徒言行録』第二四章五節）が単なる改革的な民族宗教にとどまらず、世界宗教になった最大の理由がある。

この考え方を明確化したのがパウロである。パウロは熱心なファリサイ派の信徒として、もともとはイエスのグループを迫害する先鋒を担うような人物であった。生前のイエスには会ったことがないが、復活したイエスに出会って回心したとされる。『使徒言行録』にあるパウロの回心のシーンは非常に有名なので、けっこう長いのであるが、引いておく。

さて、サウロ（パウロ）はなおも主の弟子たちを脅迫し、殺そうと意気込んで、大祭司のところへ行き、ダマスコの諸会堂あての手紙を求めた。

それは、この道に従う者を見つけ出したら、男女を問わず縛り上げ、エルサレムに連行するためであった。

ところが、サウロが旅をしてダマスコに近づいたとき、突然、天からの光が彼の周りを照らした。サウロは地に倒れ、「サウル、サウル、なぜ、わたしを迫害するのか」と呼びかける声を聞いた。「主よ、あなたはどなたですか」と言うと、答えがあった。「わたしは、あなたが迫害しているイエスである。起きて町へ入れ。そうすれば、あなたのなすべきことが知らされる。」

同行していた人たちは、声は聞こえても、だれの姿も見えないので、ものも言えず立っていた。サウロは地面から起き上がって、目を開けたが、何も見えなかった。人々は彼の手を引いてダマスコに連れて行った。サウロは三日間、目が見えず、食べも飲みもしなかった。

ところで、ダマスコにアナニアという弟子がいた。幻の中で主が、「アナニア」と呼びかけると、アナニアは「主よ、ここにおります」と言った。すると主は言われた。「〔…〕ユダの家にいるサウロという名のタルソス出身の者を訪ねよ〔…〕。」

しかし、アナニアは答えた。「主よ、わたしは、その人がエルサレムで、あなたの聖なる者たちに対してどんな悪事を働いたか、大勢の人から聞きました〔…〕。」すると主は言われた。「行け。あの者は、異邦人や王たち、またイスラエルの子らにわたしの名を伝えるために、わたしが選んだ器である〔…〕。」

そこで、アナニアは出かけて行ってユダの家に入り、サウロの上に手を置いて言った。「兄弟サウル、あなたがここへ来る途中に現れてくださった主イエスは、あなたが元どおり目が見えるようになり、また、聖霊で満たされるようにと、わたしをお遣わしになったのです。」

すると、たちまち目からうろこのようなものが落ち、サウロは元どおりに見えるようになった。そこで、身を起こして洗礼を受け、食事をして元気を取り戻した。

……『使徒言行録』第九章一～一九節

おやっ？ と思った人もいるだろう。「目からウロコ」という慣用句の由来はここにある。それはいいとして、この箇所も例によって「清盛読み」をしてきたい。この箇所を学生に話すと、天からの光に打たれただけでなぜ回心するのか意味がわからないという反応が返ってくることがけっこうある。この文章の著者は、パウロの劇的な心変わりをこういう表現で誇張したと考えておけばそれでよいし、もう少しつっこんで状況を考えてみると、パウロは明らかに体調不良だった気がする。

ためしにグーグルマップの航空写真でエルサレム～ダマスカスを見てみるといいが、日本人の私たちの感覚からすればほとんど砂漠のような場所である。しかも距離は約五〇〇キロ。灼熱の砂漠を五〇〇キロ移動するとどうなるか想像してみるとよい。何かしらの身体的異変が起こるのではないだろうか。熱中症なのか何かはわからないが、パウロの頭をもうろうとさせるような出来事があって実際にぶっ倒れたのかもしれない。もしかしたら、そのときにあの「サマリア人」のようなクリスチャンが現れてパウロを救護したのかもしれないし、あるいはパウロが幻想か夢の中で「イエスに会った」のかもしれない。

さらにいうと、もしかしたら外的な出来事はほんとうは何も起こっていないのかもしれない。パウロは有能な律法主義者であり、賢かった。だから、律法主義の矛盾に自ら気がついて、自分のこれまでの生き方を猛烈に恥じた、というようなことがあったのかもしれない。[*74] そう考えると、もしパウロの中にそういう思いがまったく存在していないなら、仮にクリスチャンがパウロを救護したとしてもパウロの心は変わっていなかったかもしれないし、仮に夢の中でイエスに出会ったとしても、そのイエスを夢の中でも迫害していたのではないだろうか。彼は心のどこかではうっすらと気付いていたはずだと私には思われる。

7　キリスト教の成立

いずれにしても、パウロのこの回心はキリスト教の歴史にとって、いや、そもそもイエスの一派がキリスト教として成立するにあたって、極めて重要な出来事であった。原始教団の仲間に加わったパウロは猛烈な熱意で各地に伝道を行ってキリスト教の拡大に貢献したが、それだけではない。さきほど触れたよ

＊74　本書第六章四節で述べた少年イエスについても、このパウロと同じように理解することができるかもしれない。

うに、パウロの考え方こそ「ナザレ人の分派」の宗教を民族宗教の枠から解放する役割を果たしたからである。

ではそれは具体的にどのような考え方だろうか。パウロの文章はぐちゃぐちゃしていてわかりにくいが、とりあえず引いておく。

ところが今や、律法とは関係なく、しかも律法と預言者によって立証されて、神の義が示されました。すなわち、イエス・キリストを信じることにより、信じる者すべてに与えられる神の義です。そこには何の差別もありません。人は皆、罪を犯して神の栄光を受けられなくなっていますが、ただ、キリスト・イエスによる贖いの業を通して、神の恵みにより無償で義とされるのです。神はこのキリストを立て、その血によって信じる者のため罪を償う供え物となさいました。それは、今まで人が犯した罪を見逃して、神の義をお示しになるためです。〔…〕わたしたちは、人が義とされるのは律法によるのではなく、信仰によると考えるからです。それとも、神はユダヤ人だけの神でしょうか。異邦人の神でもないのですか。そうです。異邦人の神でもあります。実に、神は唯一だからです。この神は、割礼のある者を信仰のゆえに義とし、割礼のない者をも信仰によって義としてくださるのです。

……『ローマの信徒への手紙』第三章二一～三〇節

ここでのパウロには、「贖罪による義認」と「信仰による義認」という二つの考え方が混在している。「義認」とは「正しいとされること・救われること」である。つまり、ここで述べられている二つの考え方とは、「イエスの贖罪死によって私たちが救われる」という考え方と、「イエスがキリストであると信仰することによって救われる」という考え方である。

まず、「贖罪による義認」の考え方が語られているのは、「キリスト・イエスによる贖いの業を通して、神の恵みにより無償で義とされるのです。神はこのキリストを立て、その血によって信じる者のため罪を償う供え物となさいました。それは、今まで人が犯した罪を見逃して、神の義をお示しになるためです」という箇所である。

次に、「信仰による義認」は、「①イエス・キリストを信じることにより、信じる者すべてに与えられる神の義です」「②人が義とされるのは律法によるのではなく、信仰による」「③この神は、割礼のある者を信仰のゆえに義とし、割礼のない者をも信仰によって義としてくださる」、この三か所である。

原始教団が持っていた「贖罪による義認」という考え方をパウロも受け継いでいるが、パウロは原始教団の中に懐胎していた「律法とは無関係の義認」という考え方に「信仰による義認」という内実を与えたといえる。

そもそもイエス自身が律法無視の体現者であったわけであるから、弟子たちにもそのスピリッツは受け継がれているはずである。パウロはイエスの思想を正しく受け継ぐとともに、その思想に「贖罪死したイエスをキリストとして信仰すれば救われる」という内容をかぶせて、律法無視の正当性を強調したといえるだろう。

このような理解に基づく「贖罪」はもはやユダヤ人たちの律法不履行とは無関係である。「人は皆、罪を犯して神の栄光を受けられなくなっています」と書いている通り、パウロの問題意識はユダヤ人ではなく、人間である。人間は人間である限り本質的に罪を抱えているが、イエスが自らの死でもってその罪を贖ってくれた。だから、イエスはキリストなのであって、これを信じることができれば神によって救われる。そして、これこそが「神との新しい契約」である、というわけである。

改めて整理しておくと、「古い契約」の内容は、人間の側としては「律法を遵守すること」であり、神の側としては「律法を遵守する人間を救うこと」である。契約内容の本質は、律法を守るかどうかにあった。

これに対し、「新しい契約」の内容は、人間の側としては「贖罪死したイエスをキリストとして信仰すること」であり、神の側としては「そのような信仰を持つものを救うこと」である。契約内容の本質は、信仰を持つかどうかにある。生まれも身分も関係なく、ただ信仰を持つかどうか。これが「新しい契約」の本質として打ち出されたというわけである。

かくして、ユダヤ教の「ナザレ人の分派」の単なる延長上にあっただけの原始キリスト教は、その民族宗教としての殻から脱皮して、民族を問わない世界宗教としてのキリスト教にリニューアルされたことになる。

私は本書の「はじめに」で「イエスはクリスチャンではない」と書いた。そこを読んだときは意味不明だったかもしれないが、これでもう十分に理解していただけただろう。イエスはキリスト教の成立にとって本質的な役割を果たしているという点で、キリスト教の始点に位置していると言い得るが、そのキリスト教はイエスをキリストと信じる弟子たちによって徐々に形成されていったのである。

最後に私なりに編集したキリスト教の定義を書いておく。空欄をいくつか作っておくので、全部埋められるか試してみて欲しい。答えは次節の最後に掲げておく。

キリスト教とは、「　　　教」の「　　　主義」批判を中心にした内部改革を劇的に推し進め、十字架に死んで復活したとされる「　教　　の分派」の「　　　　」（　　～AD二九?）という一人の男を、神と人間との「　　　契約」をとりなした「　　　」として信仰する人々によって、「　　　」の死後徐々に形成されていった新しい宗教。

8　おわりに

キリスト教はイエスが「今から私がキリスト教をはじめます！」と言って創

始したものではない、ということがおわかりいただけただろうか。イエスの弟子たちの「豊かな」発想によって生み出されたものといえるが、それとて一枚岩でなく、紆余曲折を経て徐々に形が定まっていったわけである。

『新約聖書』には、直弟子たちの間にもさっそく権力争いがあったようにも読める箇所がいくつもあるから、イエスとしては自分がいつのまにか「神」扱いされていることに加えて、弟子たちがさっそく律法主義に逆戻りしている上に権力争いまで始めてしまって、開いた口がふさがらないのではないだろうか。しかし、これはこれで人間くささが現れているから、私としてはそこに面白さも感じてしまう。

こんなことを書くとペトロを「聖なる」初代ローマ教皇と見なすクリスチャンには怒られるかもしれないが、ペトロはイエスが取り調べを受けているときにイエスの仲間であることがバレそうになって「そんな人は知らない」とうそをついたと『福音書』には記されているので、ペトロはイエスを裏切っているわけである。「聖ペトロ」もただの人であって、人間くさく保身に走る姿を想像してみると、『聖書』という本が一段と面白く感じられるだろう。

とくにペトロのこのくだりは『聖書』の中でもかなり笑える箇所で、「私は決して命を失うことがあってもあなたのことを知らないなどとは言いません」と大真面目に言ったすぐあとに、状況がマズくなると「そんな人は知らない」と言ってしまうのだから、さきほどの大真面目なセリフはお笑いの「フリ」としては最高である。しかも、「そんな人は知らない」と言ったとさらにあと二回も「そんな人は知らない」と言った挙句、その後で自分のしたことを悔いて泣きじゃくるのだから、コントのシナリオとしてそのまま通用すると思う。『聖書』を「ありがたいお言葉集」として読まなくてもいいのである。

そういう次第で、本書の「罪びととワインを酌み交わしたイエス」というタイトルには、私がイエスをどう見ているかということが端的に表現されている。イエスを聖者としてとらえる人もいるだろうし、べつにそれはそれでよいのであるが、多くの日本人にとってはそのようなとらえ方しか知らないから『聖書』につまずくのであって、もっと身近な人物としてとらえればよいのに、とずっと思っていた。

しかし、「身近な人物」とうかつに言おうものなら「いや、私は宗教はけっこうです」と拒絶されることは目に見えているので、ここは一度本腰を入れて論じてみるか、ということで私はこの本を書いた。「飲兵衛《のんべえ》のイエス」なんて、イエスを神聖視する人には到底受け入れられないかもしれないが、そんな人はそもそも本書を手に取るまでもなく『聖書』を読むことができるだろうから別にいい。

何度も繰り返すが、『聖書』を「聖なる書」として読まなくても、『聖書』に書かれた言葉を「ありがたいお言葉」として受け取らなくても、そしてイエスという男を「聖人」「メシア」として見なさなくても、『聖書』を読むことができる。むしろ、クリスチャンでない人にとっては、イエスは飲兵衛であったというこの人物像を持っておけば、宗教という「苦手な対象」に対して価値中立的に接することができるはずである。

いや、でも、こんな痛快な男のことはきっと好きになってしまうだろうから、その点ではもはや価値中立的ではなくなってしまうかもしれないが、それならそれでもはや本書は不要である。宗教をうさんくさいものとしか見ることのできない偏狭な物の見方からとっくに自由になっているからである。

解答例：

キリスト教とは、「　ユダヤ　教」の「　律法　主義」批判を中心にした内部改革を劇的に推し進め、十字架に死んで復活したとされる「　ユダヤ　教ナザレ人　の分派」の「　イエス　」(BC七?〜AD二九?)という一人の男を、神と人間との「　新しい　契約」をとりなした「　救世主（＝キリスト＝メシア）」として信仰する人々によって、「　イエス　」の死後徐々に形成されていった新しい宗教。

読書ガイド

キリスト教関係の本は山のようにあるので、自分で勉強しようと思ってもどの本を読むのがいいかわからないという人もけっこういると思う。本書を読了した方に、次に読むべき本としていくつか紹介しておきたい。

まず、本書の「はじめに」で触れた三冊について書いておく。

①八木誠一『イエス』清水書院、二〇一六年（初版は一九六八年）。

②田川建三『イエスという男』三一書房、一九八〇年（現在は作品社から二〇〇四年に出版されている第二版が入手可能）。

③高尾利数『イエスとは誰か』ＮＨＫブックス、一九九六年。

この三つのうち一冊だけ読むなら②をオススメするが、ぜひすべて読んでいただきたい。本書を読み終えた読者なら十分に読みこなすことができるはずである。この三冊は私のイエス理解の軸になっているものであるから、この三冊がなければ本書は影も形もなかっただろうということを改めて強調しておく。

本書の「第一章」で私は『聖書』をどのように読むとよいかという方法についての議論を展開したわけであるが、こういう方法論についてのわかりやすくてまとまった記述として、①の第二章がよい。もしキリスト教の勉強のための第一冊目が①だと恐らく挫折しただろうが、いまなら読めるはずである。とくに奇跡解釈の方法については、当時の私にとっては「目からウロコ」で、その方法は本書でも随所に活かされている。

また、①の後半で展開される愛や人生についての哲学的考察もたいへん鋭くておもしろい。この点で、①は一種の哲学書でもあるといえるだろう。この哲学的考察は、同著者が二〇年後に出版した『フロント構造の哲学』（法藏館）で相当深く追究されているので、こちらも併せてオススメしておく。難しそうなタイトルが付いているが非常に読みやすい本である。むしろ、こちらを先に読んでおくと①がより理解しやすくなる。

②は、私がイエスを大好きになるきっかけとなった本である。もともと私はイエスよりもパウロに興味があった。当時の私は日本の大哲学者である西田幾多郎（一八七〇～一九四五）をよく勉強していて、有名な『善の研究』の中の宗教論における「イエスの宗教心はまだ不十分で、パウロまでいって初めて十分だ」というような西田の立場に強い影響を受けていたからである。しかし、②を読んだ私の目からはまたもやウロコが落ちた。イエスのかっこよさは衝撃であり、私にとってはまさに福音（よい知らせ）であった。イエスは私と同じ問題意識を持っていたのだと思うと嬉しかった。この本を若いときに読んでおいてほんとうによかったと思っている。ちなみに、私はいまでも西田のイエス論は正しいと思っているが、それは本書で描き出した私のイエス像を損ねるものではまったくないし、むしろ両立するものであるとだけ言っておく。

また、②からは①と同じく聖書理解のための方針を学んだ。私が本書で提示した『マタイ』の「右の頬を殴られたら左の頬も向けなさい」についての解釈も②から学んだものである。「必要なことは、こういうせりふを言わざるをえなかった者の憤りを知ることであり、こういうせりふを真理として固定することではない」という著者の警句は、私にとっては聖書理解という文脈を越えて、座右の銘となっている。

③は、生前のイエスがどういう人間であったかということを理解するには『マルコ』に基づかなければならない、という方針で書かれている。福音書の中で『マルコ』が一番早く成立しているのに、なぜ福音書の並びでは『マタイ』がトップバッターであって『マルコ』は二番目なのか、そしてなぜマルコの後ろは『ヨハネ』ではなく『ルカ』なのか、つまり、なぜ新約聖書を編纂した正統教会は『マルコ』を『マタイ』と『ルカ』ではさむ「サンドイッチ規則」を用いたのか、という議論には目からウロコであった（ちょっとウロコが落ちすぎているかもしれない……）。要するに、正統教会にとって『マルコ』の内容は都合が悪かったのである。なぜなら、『マルコ』のイエスは正統教会批判を行なっていると解釈することができるからである。だから、それがバレないように「サンドイッチ規則」によって目くらましの処理をして、『マルコ』を『マタイ』と『ルカ』と同じ立場であると見せかけようとしたのだというわけである。実に刺激的な議論である。

おっと、この調子で読書ガイドを書いていると、小冊子程度の分量になりそうなので、ここからは端的に書くことにしよう。

④白川義員『とんぼの本　聖書の世界』新潮社、二〇〇三年。
⑤山形孝夫『治癒神イエスの誕生』ちくま文庫、二〇一〇年（初版は一九八一年）。

⑥D・フルッサル、G・ショーレム他（手島勲矢訳編）『ユダヤ人からみたキリスト教』山本書店、一九八六年（原著は一九八〇年）。
⑦長谷川修一『聖書考古学』中公新書、二〇一三年。
⑧宇佐神正海『進化論の迷走』創造科学研究会、一九九六年。
⑨リチャード・ドーキンス（大田直子訳）『神は妄想である』早川書房、二〇二〇年（原著は二〇一九年）。
⑩里中満智子『マンガ　旧約聖書』全三巻、中公文庫、二〇一四年。
⑪ペン編集部編『Pen BOOKS 16 キリスト教とは何かⅡ――もっと知りたい！文化と歴史』CCCメディアハウス、二〇一一年。

④は写真集のようなもので、著者は世界的写真家である。『旧約聖書』と『新約聖書』の内容に触れつつ、聖書の舞台がどういう場所なのかということをたくさんの写真で教えてくれる。本書に欠けている点を補ってくれるだろう。
⑤は比較宗教学や宗教人類学の立場でイエスを扱ったらどうなるかというような本で、イエスの活動を古代に活躍した医術者ヒポクラテスを代表とするアスクレピオス教団との関係から把握する視点はたいへん面白い。薄くてやさしい本なのでとてもオススメである。
⑥の著者はユダヤ人で、まさにタイトル通りの内容である。イエスをキリストとして把握するキリスト教とは違い、ユダヤ教にとってはイエスはただの人である。ユダヤ人であるこの著者にとって、イエスは何も特別な存在ではないし、特別な思想家で

もない。イエスの立場は既存の諸宗派との関係からきれいに理解できるという議論は、キリスト教中心的なものの見方を相対化してくれるだろう。

⑦は『旧約聖書』の記述内容がどの程度史実であったのかを考古学の知見に基づいて論じる本である。聖書に書かれていることが歴史的事実なのかどうかに関心がある人にはとくにオススメである。『旧約聖書』にはいろいろな「予言」が記されていて、その「予言」は百発百中で的中するが、なぜ百発百中なのかということは、この本を読めばわかる。

⑧と⑨はオススメの本というよりは、むしろ両者を読み比べてみたら面白いという意味で取り上げた。⑧は「進化論はオウム真理教以上に人々をマインドコントロールしている」とする進化論否定論者が、⑨は「進化論自体が説明の対象となる生物と同じぐらい美しい」と進化論を絶賛する宗教全否定の科学者が書いた本である。

⑩は漫画である。聖書の内容を扱う漫画にはいろいろあって、とくに有名なのは手塚治虫のアニメ『旧約聖書物語』の漫画版であるが、私は里中満智子作の⑩をオススメする。『旧約聖書』は部分的に女性によって書かれた可能性もあり、たしかにそういわれてみると女性目線でさまざまな感情を描いているように読める。⑩はそういう心の機微を巧みに表現している点で手塚漫画よりも優れていると思う。私にとって里中満智子作の⑩は、『源氏物語』を漫画化した『あさきゆめみし』を彷彿とさせるものである。両者とも、たんなる漫画化という枠におさまらない名作だと思う。

つい『あさきゆめみし』まで紹介してしまった。次で最後である。本書ではキリスト教文化の諸相や歴史についてはまったく触れていないので、その点を補ってもらう本を挙げておく。このタイプの本も無数にあるが、私が手元に置いてちょこちょこ見ているのが⑪である。内容がいい感じにばらけているのがミソで、キリスト教の文化と歴史をざっくりつかむのに適している。聖地巡礼、修道生活、洗礼式、教会建築などについての説明も綺麗な写真がたっぷりあるので楽しく読むことができる。

あとがき

「ネム船長シリーズ」がこれで終わった。まずは「ネム船長」の航海にずっと並走してくださった名古屋外国語大学出版会編集長の大岩昌子先生と元編集主任の川端博さん、そして現編集主任の金関ふき子さんに感謝の気持ちを伝えたい。

本書はいちおう「キリスト教の入門書」という名目の本であるが、入門書としては恐らくかなり異色のものになった。まず、キリスト教とは関係のない宗教学の章を設けてあるし、イエス論だけで半分もあるし、それゆえ、いわゆるキリスト教成立以降の歴史やキリスト教文化などにはまるで触れていないし、かなり偏った入門書である。しかし、入門書は偏っている方が絶対面白い。それは著者が一番熱く語っているパートの配分が多いからである。こういう偏った内容の入門書を三冊書かせていただき、大変気持ちがよかった。

気持ちがよかったことはよかったのであるが、日々いろいろなことに追われてしまって、三冊とも十分な執筆時間を確保することができなかったのは悔やまれる。第一弾は六日間、第二弾は八日間、第三弾の本書は九日間で書いた。というか、その期間で書き上げてしまうしかなかった、というのが実際のところである。大学教員の忙しさはみなこんなものだろうから文句は言うまい。しかし、今回もこの点ではかなりきつかった。

短期決戦型で挑むしかなかったわけであるが、しかしそのおかげでどれも大変に勢いのあるものが書けたことはよかったので、ハッピーエンドということにしておきたい。また、私自身、そういう勢いのあるものを読むのが好きなので、自分がやってもらって嬉しいことは他の人にもやってあげましょう、という『マタイ』第七章一二節の黄金律を知らぬまに実践してしまった。

冗談はさておき、私は本書の中でいろいろ毒を吐いた。これは「ネム船長シリーズ」の恒例なので、そういう毒も楽しんでもらえたらいいのであるが、今回は前二作よりももっと厳しい態度が現れていると思う。全体的に今作は或る種の態度や生き方を強烈に批判していく調子が強く出ていて、読者は少し気押されるかもしれないが、それは私が「清盛読み」でいったんニュートラルに読んだあと、イエスへの共感を全面に押し出しながら書いているからである。随所に「憤り」についても書いたが、書いている本人としては本気で憤りながら書いている。そういう本気度も伝わっていると嬉しい。「はじめに」で紹介した親友の話などは、その最たるものである。

彼は個性的な男で、高校時代から抜群の存在感を放っていた。「ネム船長シリーズ」の第二弾のあとがきで紹介した「バンカラな連中」の一人でもあり（ちなみに、本書の第六章で紹介した永島先生もこの高校の出身者であった）、進学校卒業後に私とともにフリーターになった「ロクデナシ」であった。私の高校卒業後のことは第二弾でけっこう書いたからここでは繰り返さないが、私が奄美大島の無人島に行ったときの相棒がこの親友である。

この親友の服装はいわゆるヒッピー的なスタイルで、いかにも「自由人」といった風情であり、今でもそうである。そういう外見であるから、バイト先の喫茶店にやってきた教育委員会の「おえらいさん」たちは、はなから彼のことを見下していたに違いない。どうせそういう連中は「最近の若者には個性がない。もっと個性を伸ばそう」とか言いながら、個性があればあるで押さえつけるに決まっている。この親友は個性的な人間の典型である。生き方も服装も、実に個性的だ。だから、この連中は彼を排除したのである。

こういう腹が立って仕方のないことはいろいろあるが、イエスのおかげで私が腹を立てることにはきっとイエスも同じように腹を立てるに違いない、とか、いまの私はイエスに怒られるに違いない、とか、そういうふうに考えるようになった。この感覚を私は大事にしていきたいと思っている。

一大学教員が「人と人とがやさしく生きられる社会」の実現にどれほど貢献できるか、たかがしれているだろう。しかし、こういう思いで授業を行い、こういう思いで本を書くことしか私にはできない。だから、できることをできる限りやろうと思う。

本書の最後に、またまた私の好きなブルーハーツの曲をひとつ紹介してしめくくりにしたい。「ダンス・ナンバー」（作詞・作曲　真島昌利：一九八九年）である。

ダンス・ナンバーで　踊り続けよう
くだらない事は　たくさんあるけど
誰かが決めた　ステップなんて
関係ないんだ　デタラメでいいよ

君の事笑う奴は　トーフにぶつかって　死んじまえ
カッコ悪くたっていいよ　そんな事問題じゃない

人の目ばかり　いつでも気にして
口先ばかり　何もしないで
そんなのちっとも　おもしろくないよ
そんなのとっても　たいくつなだけさ

カッコ悪くたっていいよ　そんな事問題じゃない
君の事笑う奴は　トーフにぶつかって　死んじまえ

時間はまるで　ジェット・コースター
流星みたいに　燃えつきてしまう
明日　世界の終わりが着ても
ダンス・ナンバーで　踊り続けよう

カッコ悪くたっていいよ　そんな事問題じゃない
君の事笑う奴は　トーフにぶつかって　死んじまえ

二〇二四年
とても暑い夏の日に
根無一信

ネム船長の哲学航海記Ⅲ

罪びととワインを酌み交わしたイエス

——もう、聖書につまずかない

名古屋外大ワークス……NUFS WORKS 10

2024年９月17日　初版第１刷発行

著者　根無一信　NEMU KAZUNOBU

発行者　亀山郁夫

発行所　名古屋外国語大学出版会

470-0197　愛知県日進市岩崎町竹ノ山57番地

電話　0561-74-1111（代表）

https://nufs-up.jp

本文デザイン・組版・印刷・製本　株式会社荒川印刷

ISBN 978-4-908523-51-9

JASRAC 出 2406447-401